あなたは人生でなにを大切にしていますか？

私たちは人生の多くの時間を仕事に費やしています。
人生は仕事だけではないけれど、
仕事から得られることが人生を豊かにして
自分を成長させる。
そうであるならば、その仕事を真剣に大切にしたい。

社会の中に多くある仕事のなかで
私たちは、知的障がいのある方々を支援する仕事を選びました。

知的障がいのある方と関わる仕事って、どんなことをするんだろう？
どんな事が楽しくて、どんな事がつらいの？
障がいのある方の支援が自分にできるんだろうか？

知らないから不安が生まれ、不安だから近づきにくい。

そんな不安や戸惑いをなくして欲しくて、
ここでは、
知的障がい福祉の仕事の一部分を紹介します。

福祉の仕事に興味がある方、
今、支援をしながら悩んでいる方の
第一歩を応援します！

さぁ、扉をあけてみませんか？

目　次

1．知的障がい福祉のなりたちをふりかえろう ……………………… 5
　　〜知的障がい福祉のこれまでとこれから〜

2．知的障がい福祉サービスを知ろう ………………………………… 13
　　〜どんなサービスがあるの？〜

3．知的障がい福祉の仕事をのぞいてみよう ……………………… 29
　　〜どんな職場があるの？〜
　　　・発達を支える仕事 ……………………………………………… 31
　　　　障害児入所支援、障害児通所支援
　　　・活動や労働を支える仕事 …………………………………… 39
　　　　生活介護、就労移行支援、就労継続支援Ｂ型、就労継続支援Ａ型
　　　・暮らしを支える仕事 …………………………………………… 57
　　　　施設入所支援、居宅介護、共同生活援助（グループホーム）
　　　・ニーズをつなぐ仕事 …………………………………………… 71
　　　　相談支援

4．知的障がい福祉の仕事への不安や戸惑いを希望に変えよう …… 75
　　　〜アンケートの結果から〜

● この冊子の用語について ●

「支援スタッフ」	この冊子では、支援員、サービス管理責任者、看護師、作業療法士（OT）、理学療法士（PT）、調理員、栄養士、事務員、世話人などを「支援スタッフ」と総称していますが、情景がわかりやすいように職種名を表記している場合があります。
「利用者」	福祉サービスを利用されている方のことを表します。「ご利用者」「利用者さん」など呼び方は事業所によって様々ですが、この冊子では「利用者」と表記しています。
「家　族」	利用者本人の両親や兄弟、親族などの呼び方は「保護者」「家庭」「家族」と事業所によって様々ですが、この冊子では「家族」と表記しています。
「言葉掛け」	口頭での支援や案内を「言葉掛け」「声掛け」ということがありますが、この冊子では「言葉掛け」と表記しています。
「障がい」	この冊子では、法律用語を除き「障害」の「害」をひらがなで「障がい」と表記しています。

1

知的障がい福祉の

なりたちをふりかえろう

～知的障がい福祉のこれまでとこれから～

草創期のロマンス

　明治半ば、岐阜県（美濃）南西部から愛知県（尾張）北西部にかけて広がる濃尾地方に大きな地震があったそうです。数日後、東京から被災地に入った青年が目にしたのは、親をなくした少女たちが悪徳な業者に売られていく姿でした。青年は少女たちを引き取り、職を捨て私財を投げ打って、現在でいうところの養護施設を立ち上げました。少女たちの中に知的発達に遅れのある子どもがいたことから、青年はその子たちのための施設「滝乃川学園」を創設しました。

　同じころ、華族女学校（後の学習院女学部）でフランス語や英語を教える筆子（ふでこ）という女性がいました。幕末の士族の娘であった筆子は、津田梅子（津田塾大学創始者）らと共に長期間、海外に留学し、帰国後は女子教育に情熱を燃やしていました。

　筆子はまた、亡き夫との間に生まれた障がいのある子どもの母でもありました。子育ての中で滝乃川学園を知り、園長として誠心誠意、子どもたちに向き合っている8歳年下の青年を信頼して、子どもを学園に預ける決心をしました。

　後に、筆子はこの青年の求婚を受け入れ、共に滝乃川学園を支えていくことになります。青年の名は石井亮一、昭和に入って「日本精神薄弱児愛護協会」（現在の日本知的障害者福祉協会）の初代会長となった人物です。日本の知的障がい福祉の草創期には、こんなラブロマンスがあったそうです。

流行語となった『この子らを世の光に』

　時代は進み、第二次世界大戦後の混乱期。日本では親を亡くし住む場所を失くした子どもたちは「浮浪児」と呼ばれ、その子どもたちを取り締まる「浮浪児狩り」という言葉さえ、堂々と使われているような時代でした。そのようななか滋賀県で、その子どもたちを保護する施設「近江学園」が創られました。その中に知的発達に遅れのある子が複数いたことから、学園は知的障がいのある子どもの施設として発展していきます。

そして近江学園を起点として、成人のための「信楽寮」や重症心身障害児施設「びわこ学園」などが次々に創設されていきます。

これらの施設の創設に関わった糸賀一雄は、「この子らを世の光に」という有名な言葉を残しました。「この子たちに光をあてよう」ではなく、「この子たちを世の中の光にしよう」という熱い思いのこめられたメッセージでした。

当時のびわこ学園で撮影されたドキュメンタリー映画『夜明け前の子どもたち』(監督:柳沢寿男,1968年製作)では、「最重度」といわれる男の子が、職員や周りの子どもたちとのふれあいの中で輝くように笑う場面があります。「シモちゃんが笑った!」というこのシーンは多くの人の感動を呼び、「この子らを世の光に」という言葉は、福祉業界に旋風を巻き起こしました。

数十年を経て振り返ってみると、この言葉にはさらに深いメッセージがこめられているように思われます。実は「この子たちこそ世の光」なのであり、「この子たち」を大切にするような社会を築いていくことこそが、価値観が多様化し、混迷を深める世界を救う道なのだと…改めて、この言葉の意味をかみしめる必要のある時代を迎えているように感じられます。

世界に誇るべき児童憲章

このように近代日本の知的障がい福祉は、優れた児童福祉の先駆者たちの歩みから始まりました。日本の児童福祉関係者は、戦後間もない1951年に「児童は人として尊ばれる、社会の一員として重んぜられる、良い環境の中で育てられる」と謳う「児童憲章」を発表しました。児童憲章は、障がいのある子どもの適切な治療と教育と保護の必要性について述べ、社会の義務と責任を明言しています。

これは国連が「児童権利宣言」を採択する8年も前のこと、そして「子どもの権利条約」が採択されるのはさらに30年以上も後のことですから、国際的に見ても大変先進的な動きだったと言えます。このような美しく力強い憲章をつくっていったのが、日本の児童福祉の歴史です。「この子たちを愛し、護らなくてはならない」と立ち上がった先駆者たちの意

志は、日本の児童福祉に輝かしい足跡として残されています。

　「児童憲章」には法的な拘束力はなく、いわば社会の「努力目標」のようなものですが、日本中の児童福祉施設の壁にこの憲章の条文が貼り出されて、敗戦後の困難な時代に生きる子どもたちと児童福祉に携わる人たちを励まし、勇気づけたことは記憶に残しておくべきことのように思います。

知的障がいのある人の立場にたって

　日本では「知的障害」について、法律上の定義がありません。医学的には「精神発達遅滞」といわれ、行政上は「知的機能の障害が発達期にあらわれ、日常生活に支障が生じているため、何らかの特別支援を必要とする状態にあるもの」とされています。

　知的障がいのある人たちは、言語や抽象的な概念を理解することに困難があり、コミュニケーションが苦手であるという特徴があります。そのために、周囲の人から理解されない、社会から排斥される、物事を自分自身で決める機会から遠ざけられる、「自己決定能力がない」とみなされる、勝手な思い込みで「保護」されるなどのことが起こりがちです。どんなに重い障がいがあり、意思の表出・表現が困難なように見えても、それぞれの人に意思があり、意思決定能力があります。

　知的障がい福祉の本質は、この人たちの立場にたって、彼らが何を思い、何を願っているのかをキャッチし、彼らの成長を支え、社会生活を支援していくことにあります。

　様々な状態にある人が、誰一人排除されることなく、共に生き、共に暮らせるような社会、すべてを包摂していくような社会を目指していくことが、ソーシャルインクルージョン＝social inclusionといわれる、これからの「福祉社会」の目標です。

ノーマライゼーションは知的障がい福祉から

　ところでみなさんは、ノーマライゼーション＝normalizationという言葉を聞いたことがありますか？「ノーマルな社会とは、すべての人が人格を尊重され地域社会で普通に暮ら

すような社会である」という思想に基づいて、障がいのある人の"ノーマルな生活"を実現していこうという、福祉の理念です。

　この思想が知的障がい福祉の分野から生み出されたことは、ご存知でしょうか？デンマークの知的障がいのある人の親たちの声が反映されて、「ノーマルな生活状態にできるだけ近づいた生活をつくりだす」という内容をもった知的障がい福祉に関する法律が制定されたのは、1959年のことでした。このような思想が生まれた背景には、当時のデンマークをはじめ、欧米各国の知的障がいのある人たちの多くが、人里はなれた森の中に建てられた大規模な施設の中で、非人間的な扱いを受け、劣悪な条件の中での暮らしを強いられていたという事実があります。

　今では、世界の福祉の共通語ともなったノーマライゼーションという思想が、知的障がい福祉の分野から生まれたということは、この分野に関わる私たちが心に留めておくべきことでもあります。

国連の動きと日本の動き

　国際連合は1971年の総会で「知的障害者の権利宣言」を採択し、1975年に「障害者の権利宣言」を採択しました。これらの「宣言」は、「すべての障害者が同年齢の市民と同等の権利を有する」「可能な限り通常の生活を送ることができる権利を有する」などのノーマライゼーションの理念が明文化されたものです。

　国連はこれらを理念に終わらせることなく、具体的な行動に移そうという方向性を確認し、1981年を国際障害者年(International Year of Disabled Persons)とします。国際障害者年のテーマは「完全参加と平等」、まさに"ノーマライゼーションの実現"が目指されたのです。国連は「障害者に関する世界行動計画」を採択し、各国に障がい福祉に関する行動計画を作成することを要請しました。現在の日本に国のレベルで障害者基本計画があり、市町村や都道府県にも障害者計画の策定が義務付けられている背景にはこうしたことがあります。

　このように世界の動きの影響を受けて、日本の社会福祉も大きく変化してきました。

2000年に改正された社会福祉法には「福祉サービスの利用者」という言葉が登場し、社会福祉の仕組みは行政処分としての「措置制度」から、利用者がサービスを選択する「契約制度」に変わりました。2013年には「障害者総合支援法」が施行され、従来は分野別だった身体障害、知的障害、精神障害の三障害が統合され、「障害者」の概念の中に発達障害者、難病による障がいがある人も加えられました。

「障害者の権利に関する条約」とこれからの日本

　日本の知的障がい福祉が、先駆者たちの努力によって切り拓かれてきたことは先述したとおりですが、その後の高度成長期には全国各地で、入所施設や通所施設の建設など、様々な取り組みが進められていきました。その頃、世界では「ノーマライゼーション」の理念が広がり、国連の動きとも相まって各国の福祉政策に大きな影響を与えてきました。日本でも、障がいのある人たちの就学保障、就労支援をはじめとして地域生活や就業を支えるためのグループホームなど様々な取り組みが進められ、障がい福祉は大きく発展していきます。

　国連は2006年に「障害者の権利に関する条約」を採択します。この条約は、社会のあらゆる分野において、障がいを理由とする差別を禁止し、他者との均等な権利を保障することを規定するもので、まさに世界中でノーマライゼーションを実現しようというものです。日本政府は翌年に署名をしたものの、批准までには8年という年月を要しました。この条約を批准するには、さらに国内の法整備をしなければならなかったのです。

　2006年以降、障害者虐待防止法、障害者総合支援法、障害者差別禁止法などの法律が次々に整備され、2014年日本政府はようやく「障害者の権利に関する条約」を批准し、日本の障がい福祉は再び、新しい局面を迎えました。

おわりに

　ダイナミックな世界の動きの中で、日本の知的障がい福祉は着実な歩みを続けてきましたが、知的障がい福祉の現場には様々な課題があります。障害者虐待防止法が施行された

後も、残念ながら、施設現場における障がい者虐待がゼロになったとは言い難い状態が続いていることも事実です。利用者と共に「地域移行」を進めようとしても、ご家族や地域の人々の理解を得ることに思いのほか時間がかかることも、決して珍しいことではありません。

　様々な困難な状況の中でも、多くの心ある人たちが、知的障がいのある人たちの生活を支え、共に生きる社会を実現しようと奮闘し続けています。

　これまでの歩みをしっかりと踏みしめながら、皆さんと共に、知的障がい福祉を発展させ、素晴らしい未来を築いていきたいと願っています。

知的障がい福祉サービスを知ろう

～どんなサービスがあるの?～

この章では、知的障がいのある方が利用する障がい福祉サービスを紹介しています。障がい福祉の現場には様々な福祉サービスがあって、その時々で色々なサービスを利用できます。
子どもの頃、障がいのある人ってどんなところで育つの?
大人になったら、障がいのある人ってどんなところで暮らしているの?
障がいのある人って、昼間はどんなところで何をしているの?
障がいのある人って、困った時はどうしているの?
そんな疑問に答えながら、障がい福祉サービスを簡単に紹介します。

日本国憲法第25条では、「すべて国民は、健康で文化的な最低限度の生活を営む権利を有する。」と謳われています。障がいの有無に関わらず地域の一員として普通に暮らしていく社会の実現のためには、障がいのある人たちへの福祉施策が大切な役割を担っています。

では、障がいのある人が健康で豊かな生活を送るための福祉サービスにはどのようなものがあるのでしょうか？

障がいのある人たちへの福祉サービスは、次のとおり、障害者総合支援法（子どもは児童福祉法と障害者総合支援法）に基づき、提供されています。

障がいのある子どもの発達と家族を支えるサービス

障がいのある子どもの発達とその家族を支える福祉サービスには、子どもたちが自宅や学校から通って利用するサービス（以下、「通所型のサービス」）や、障がいのある子どもが入所し、生活しながらサービスを利用する入所型のサービスのほか、ホームヘルパー等が家庭を訪問するサービスなど様々な形態のサービスがあります。

以下に、障がいのある子どもに提供される福祉サービスについて紹介します。

1 通所型のサービス（児童福祉法によるサービス）：障害児通所支援

障がいのある子どものための通所型のサービスは、平成24年の児童福祉法の改正により、障がい（知的・肢体・難聴・盲・ろうあ・自閉・重症心身障がい等）による分類をなくし、児童発達支援と医療型児童発達支援に一元化されました。また、新たに学齢期における支援の充実を図るための放課後等デイサービスと、保育所等を訪問して発達が気になる子どもへの専門的な支援を行う保育所等訪問支援が創設されました。

集団または個別の支援を通じて、日常生活や社会生活に必要なスキルを身に付けながら、その人にあった成長を促し、その人らしい「発達」を支えていきます。

児童発達支援

　障がいのある未就学児（小学校入学前の幼児）を対象とした通所型のサービスです。障がいのある子どもの日常生活における基本的な動作（食事・排せつ・移動・着脱衣・言語等）や学校等での集団生活に適応するために必要なこと（自己統制・対人関係等）を習得するための療育と支援を行います。

・児童発達支援センター

　　障がいのある子どもへの通所による支援のほか、身近な地域における障がい児支援の拠点として、「障がいのある子どもへの支援に関する相談」や「地域にいる障がい児や家族への支援」「地域の障がい児を預かる施設に対する支援」を実施するなど、地域支援を行う機能を持っています。

・児童発達支援事業・医療型児童発達支援事業

　　障がいのある子どものための療育の場です。医療型児童発達支援事業では児童発達支援とともに必要な医療を提供します。

放課後等デイサービス

　学校に通学している障がいのある子どもを対象に、放課後や休日、夏休み等の長期休暇中の日中（昼間）の居場所を提供するサービスです。生活能力向上のための訓練等を継続的に提供することで、障がいのある子どもの自立を促進します。

保育所等訪問支援

　保育所等を利用している障がいのある子どもや家族等が、保育所等における集団生活への適応のための専門的な支援を必要とする場合に、専門的な知見のある保育士や児童指導員等が保育所等を訪問して支援することにより、保育所等の安定した利用を促進するサービスです。

2　入所型のサービス（児童福祉法によるサービス）：障害児入所支援

障害児入所施設・医療型障害児入所施設

　家庭での養育が困難な障がいのある子どもの成長と安全安心な生活を保障するため、適切な療育と暮らしの場を提供するサービス（施設）です。障がいのある子どもが入所し、生活を送る中で、日常生活に関する様々な支援（食事・排せつ・入浴・清潔保持等）を提供するとともに、自立に必要なこと（基本的な読み書きや洗濯・掃除・調理・買い物・公共交通機関の利用の仕方等）を修得するための支援を行います。なお、医療型障害児入所施設では必要な医療を提供します。

3　訪問型のサービス（障害者総合支援法によるサービス）

居宅介護・短期入所等

　サービスの内容は「暮らしを支えるサービス」（P20）に記載します。

日中の活動や就労（労働）を支えるサービス

　義務教育が終わると、高校などへ進学したいと希望する人もいれば、「企業に就職して働きたい！」、すぐに就職はむずかしくても「自分にできる仕事をしたい！」など、人によって様々な思いがあります。また、働くことだけでなく、生きがいを得ながら充実した日中（昼間）を過ごすために、文化芸術活動や創作活動など興味のあるものにチャレンジしたいという希望もあるでしょう。

　知的障がいのある人の日中の活動を支援する福祉サービスには、障がいの状態や本人の希望に応じて、創作活動から生産活動まで様々なものがあります。日中活動（昼間の活動）の支援は障がいのある人の社会参加と自己実現を図るための大切なサービスです。

　以下に、日中の場面において提供される福祉サービスについて紹介します。

生活介護

　重度の障がいのある人に主に日中（昼間）に、入浴・排せつ・食事等の支援、調理・洗濯・掃除等の家事などの日常生活上の支援を行うとともに、創作的活動や生産活動の機会を提供するほか、身体機能や生活能力の向上のために必要な援助を行うサービスです。

　重度の障がいがあっても、一人ひとりの目標や目的に合わせた活動の場を提供することで、その人らしい充実した生活を送ることができるよう取り組んでいます。

自立訓練（生活訓練）

　障がいのある人が自立した日常生活と社会生活を営むことができるよう、2年間（長期間の入院またはこれに類する理由がある場合は3年間）にわたり、生活能力の維持・向上に必要な支援と訓練を行うサービスです。通所による自立訓練のほか、宿泊や訪問による自立訓練もあります。

就労継続支援Ａ型、就労継続支援Ｂ型

　一般の企業に雇用されることが困難な人に就労の機会を提供するとともに、生産活動の機会の提供を通じて、その知識及び能力の向上のために必要な訓練を行うサービスです。原則として福祉サービスの提供にあわせて雇用契約を結んで利用する「Ａ型」と、雇用契約を結ばないで利用する「Ｂ型」の２種類があります。

　「Ａ型」を利用し雇用契約を締結している人には、雇用契約上の「賃金（給料）」が支払われます。また、雇用契約を締結しないで「Ａ型」を利用している人や「Ｂ型」を利用している人には、生産活動に係る事業の収入から必要な経費を除いた額に相当する金額が「工賃」として支払われます。

　障がいのある人が地域の中で自立した生活を送ることができるよう、多くの就労継続支援事業所で賃金（給料）や工賃の向上に取り組んでいます。

就労移行支援

　一般の企業での就労を希望する65歳未満の障がいのある人に対して、原則として2年間、生産活動や企業での職場体験などの機会の提供を通じて就労に必要な知識や能力の向上のために必要な訓練を行い、企業での就労を目指すためのサービスです。また、その人の適性に応じた職場の開拓や、就職した後の職場定着に必要な相談や会社との連絡調整を行います。

※平成30年度より、就業に伴う生活面の課題に対応できるよう、事業所・家族との連絡調整等の支援
　を行う「就労定着支援」サービスが新設されます。

暮らしを支えるサービス

　暮らしの場は、心と身体を休め、リラックスした自分の時間を過ごす大切な場所です。障がいのある人の日中の活動や労働を支えるだけでなく、その人の「暮らし」そのものを支えていくことが、日中の活動や労働の意欲の充実にもつながります。

　知的障がいのある人の暮らしを支える福祉サービスには、自宅に暮らしながらサービスを利用するものとして、居宅介護、短期入所、日中一時支援などがあります。

　また、施設に暮らしながら日常生活に関する様々な支援を利用するものとして、施設入所支援、共同生活援助（グループホーム）、宿泊型自立訓練があります。

　以下に、暮らしの場面において提供される福祉サービスについて紹介します。

1　自宅に暮らしながら利用するサービス

居宅介護

　ホームヘルパーが障がいのある人の自宅を訪問して、入浴、排せつ、食事等の介護や、調理、洗濯、掃除等の家事、生活等に関する相談や助言など、生活全般にわたる援助を行うサービスです。障がいのある人の自宅での生活を支えるために基本となるサービスです。

短期入所（ショートステイ）、日中一時支援

　家族の病気やその他の理由により、障がいのある人が一時的に自宅での生活がむずかしくなった場合に、短期間入所（寝泊り）してもらい、入浴、排せつ及び食事その他の必要な支援を提供するサービスです。本サービスは障がいのある人の家族のレスパイトケア（障がいのある人を日々支援している家族の休息や息抜き）としての役割も担っています。また、宿泊を伴わないサービスとして日中一時支援があります。

移動支援、行動援護

　障がいのある人が社会生活の中で必要な外出や余暇活動等の社会参加をするための移動を支援するサービスです。障がいのある人も私たちと同じように休日にはどこかに出かけたり、遊びに行ったり、充実した生活を望んでいます。一人での外出に不安がある場合には、ホームヘルパーが一緒に外出先に同行して外出時の安心と安全を支えます。

2　施設に暮らしながら利用するサービス

施設入所支援（障害者支援施設）

　重度の障がいのある人に入所してもらい、主として夕方から夜間において、入浴、排せつまたは食事等の支援、生活等に関する相談・助言等を行うとともに、身体能力もしくは生活能力の向上のための支援を提供するサービスです。施設入所支援を利用する人の多くは、日中の活動の場として前述の生活介護を利用しています（生活介護と施設入所支援をあわせて提供する事業所を障害者支援施設と呼びます）。

　重度の障がいがあり24時間の支援や医療的な支援を必要としている人には、専門的なスキルを有するスタッフの支援により、安心安全な生活と暮らしを送ることができます。

共同生活援助（グループホーム）

　障がいのある人に入居してもらい、主に夕方から夜間において、入浴、排せつまたは食事の支援、その他の日常生活上の援助を提供するサービスです。施設入所支援よりも小規模（原則2名～10名）で、マンションの一室や一軒家などを活用し、より家庭的な雰囲気での暮らしを目指しています。支援を受けながら障がいの軽度の人から重度の人まで幅広く暮らしています。日中の活動の場も多様で、福祉サービスを利用している人や企業で働いている人もいます。

宿泊型自立訓練

　障がいのある人が自立した日常生活と社会生活を営むことができるよう、2年間（長期間の入院またはこれに類する理由がある場合は3年間）にわたり、集団による生活から徐々に一人暮らしを想定した生活形態に移行することで、生活能力の維持・向上に必要な支援と訓練を行うサービスです。

※平成30年度より、施設入所支援や共同生活援助を利用していた人等を対象として、定期的な巡回訪
　問や随時の対応により、円滑な地域生活に向けた相談・助言等を行う「自立生活援助」サービスが新
　設されます。

福祉サービスのニーズをつなぐ支援をするサービス

相談支援

　「障がい福祉サービスを利用したいけど、どのサービスを選べばいいのかわからない」という人やその家族など、福祉サービスの利用を考えている人の希望を聞き、その人のニーズにあわせて障がい福祉サービスの利用計画の作成を行います。利用計画を作成した後も定期的に障がい福祉サービスの利用状況などのモニタリングを行い、変更が必要な場合には「サービス等利用計画」の改善を行うサービスです。

　なお、相談支援には、次のような種類があります。

1　障がい福祉サービスが利用したい場合の相談支援

・特定相談支援事業（計画相談支援）

　障がいのある人が障がい福祉サービスを利用する前にサービス等利用計画を作成し、一定期間ごとにモニタリングを行う等の支援を行います。

・障害児相談支援事業（障害児相談支援）

　障がいのある児童が障害児通所支援（児童発達支援や放課後等デイサービス等）を利用する前に、障害児支援利用計画を作成し、一定期間ごとにモニタリングを行う等の支援を行います。

2　地域生活への移行に向けた相談支援

・一般相談支援事業（地域相談支援）

　　障害者支援施設等に入所している人や精神科病院に入院している人が、退所・退院する際に、入所施設や精神科病院と連携して地域移行に向けた支援を行います（地域移行支援）。また、居宅において一人暮らしをしている人や、地域生活が不安定な人等が地域生活を安心して継続できるよう、夜間や緊急時等における支援を行います（地域定着支援）。

3　一般的な相談支援

・障害者相談支援事業

　　障がいのある人の福祉に関する様々な問題について、障がいのある人やその家族等からの相談に応じ、必要な情報の提供や福祉サービスの利用のための支援を行うほか、権利擁護のために必要な支援も行います。また、このような相談支援事業を効果的に実施するために、「自立支援協議会」を設置し、中立・公平な相談支援事業の実施や関係機関との連携強化を行います。

障がいのある人たちを支える福祉サービスは、このほかにも国の制度に位置付けられているものや利用する人たちの希望により法人が独自に取り組んでいるものがあります。このように多岐にわたる福祉サービスを障がいのある人が自ら選択し、自分の人生を送っています。しかし、障がいのある人やその家族に障がい福祉制度の情報が届いていないことで、サービス利用までの流れを知らず、サービスが利用できるにもかかわらずまったく利用していない人や適切なサービスが利用できていない人もいます。

　こうした障がいのあるすべての人に対して、総合相談窓口のような役割を担うのが「相談支援」のサービスです。相談支援は、障がいのある人または家族の想いや希望を汲み取り、少しでもそれに応えられるよう様々な選択肢を示しながら、一人ひとりの人生設計のお手伝いをする「縁の下の力持ち」のような存在です。相談支援の仕事は障がいのある人のニーズを障がい福祉サービスへとつなぐ大切な役割を担っています。

　障がいのある人にとってサービスを利用することが最終の目的ではなく、かけがえのない人生を当たり前に過ごすためのスタートラインなのです。誰もが、自分の人生の主役は自分です。夢と希望に満ちあふれた、たった一度の人生を笑顔で歩んでいけるように、そっとお手伝いをしていくことが障がい福祉サービスの役割ではないでしょうか。

　次の章からは、障がい福祉サービスの現場で支援を行うスタッフの一日を追いかけ、仕事の内容や仕事への思いなど、実際の福祉現場で働く支援スタッフの声を紹介したいと思います。

知的障がいのある方を支援する
～どんなサービスがあるの？～

暮らしを支える

- 施設入所支援
- 共同生活援助（グループホーム）
- 訪問系サービス　・短期入所　・日中一時支援
- 福祉ホーム　・宿泊型自立訓練

施設入所支援
施設において、障がいのある方の夜間、休日の生活（入浴・食事・排せつ等）の支援をします。

共同生活援助（グループホーム）
共同生活を営む住居において生活を支援します。

訪問系サービス
自宅等において生活上必要な様々な支援（入浴、食事、外出、移動等）をします。重度訪問介護・居宅介護・行動援護・移動支援があります。

短期入所・日中一時支援
必要に応じて一時的に日中の活動や夜間の生活を支援します。

ニーズをつなぐ

相談支援
障がいのある方が自立して生活できるように、様々な相談を受け、必要な情報を提供したり、福祉サービスを利用したい方にサービスを紹介したりします。

知的障がい福祉の仕事

障がい福祉サービスを知ろう

活動・労働を支える

- 生活介護
- 就労移行支援
- 就労継続支援A型
- 就労継続支援B型
- 療養介護
- 自立訓練
- 地域活動支援センター

生活介護
常に支援を必要とする方に日中における多様な活動を支援します。

就労移行支援
企業への就職に向けた職業訓練や就職活動を支援します。

就労継続支援A型
企業での就労が困難な方に、生活支援を行いながら、雇用契約を結んで、働く機会・場所を提供します。

就労継続支援B型
企業での就労が困難な方に、生活支援を行いながら、働く機会・場所を提供します。

発達を支える

- 障害児入所支援
- 障害児通所支援

障害児入所支援
施設において、障がいのある子どもに夜間、休日において日常生活を支援し、生活に必要なスキルを身に付けます。

障害児通所支援
家族のもとから通ってくる障がいのある就学前の子どもの日常生活を支援し、生活に必要なスキルを身に付けます。

3

知的障がい福祉の

仕事をのぞいてみよう

~どんな職場があるの?~

この章では、障がい福祉の施設・事業所の目的や役割、実際に働いている支援スタッフを紹介します。簡単なプロフィールから、1日の仕事の流れや支援内容、利用者や同僚・先輩とのかかわりなども聞いてみました。

まだ、障がい福祉の職場で働くことがイメージできない皆さんには、実際に職場で働くことの魅力を知っていただき、また、すでに働いている皆さんには、改めて福祉の魅力や今後の仕事への弾みになるよう、誰もが経験するようなエピソードも添えてみました。

全国には多くの仲間がいます。今、戸惑いや迷いを抱えていても全国のたくさんの仲間の思いや経験を参考にして、楽しい職場やより良い利用者支援を考えてみてください。

あなたはどんな職場で、どんなふうに働いてみたいですか?

発達を支える仕事

障害児入所施設で働くスタッフ

性別	女性
年齢	39歳
勤続年数	7年
趣味	テニス

勤務先の紹介
種別：障害児入所施設
規模：定員30名

事業所の特徴
児童と成人の併設施設で5歳から70代までの利用者が一緒に生活しています。施設の周りは豊かな自然に恵まれた四季を感じられる静かな環境です。
当法人では他に、相談支援センター、就労移行支援、就労継続支援B型、グループホームを運営しています。

プロフィール
　これまでに精神障害者施設、保育園での仕事を経て現在の知的障がい福祉の職に就いて7年、主に幼児・学齢児の担当をしています。子どもが好きで、休日には託児所を訪問し、子どもたちと触れ合ったりしています。また、週に一度、サークルで趣味のテニスを楽しんでいます。

仕事との出会い・きっかけ
　短大を卒業し、施設の事務の仕事に就きましたが、もっと人と直接、接する仕事をしたい、また、子どもが好きという思いから退職し、保育士の資格を取得しました。ハローワークの求人を見て、資格を活かした仕事ができると思い、転職しました。

障害児入所施設

ある1週間の勤務の状況

月	火	水	木	金	土	日
夜勤	夜勤明	日勤	休日	早出	遅出	休日

ある1日のスケジュール
（月曜：夜勤）

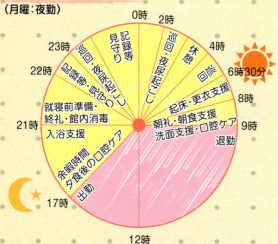

1日の仕事のながれと支援の内容
　夜勤の日は、夕方17時に出勤し、遅出の勤務者が退勤する22時以降から翌朝6時30分までは2人体制で勤務しています。利用者の就寝後は、夜間3回の各室の巡回が主な業務で、交代で休憩を取りながら見守り、対応を行っています。

　日勤、夜勤、遅出等、勤務帯によって仕事の内容は若干異なりますが、基本的に利用者の生活の流れに合わせた支援を行っています。

　日中は幼児期の児童と公園に行って遊んだり、食事の支援を行い、夕方からは学齢期の児童の学校へのお迎えや、翌日の学校の準備を一緒に行ったりしています。

　学齢児については学校生活の様子にも気を配り、学校の先生と連携をとるため、毎日連絡帳で情報のやりとりをしています。

知的障がい福祉の 仕事をのぞいてみよう 3

支援上心がけていること

　施設での夕方以降の時間は、学校や日中活動を終えた利用者が、それぞれ自分の時間を自由に過ごしているので、私たちも日中とは違った関わり方で会話を楽しんだり、コミュニケーションをとったりしています。日中活動の時間と自由に過ごす時間とのけじめをつけることで、生活の中にメリハリが出来るように心がけています。

　必要なルールやマナー等の指導については、それぞれの特性に合わせ理解しやすい方法で伝えることや、対応に差が出ないように支援スタッフ間で情報を共有し、統一した対応が出来るようにすることも大切にしています。

　施設は、利用者にとっての生活の場となるので、家庭的な雰囲気をつくることを意識しながら笑顔で安心して過ごせる環境づくりを心がけて支援に取り組んでいます。

利用者とのかかわり

　個性豊かな方が多く、毎日、賑やかな雰囲気の中で一緒に活動しています。会話ができない方も多いですが、声を掛けると表情やジェスチャー等で、何かしら応えてくれ、やりとりを楽しんでいます。利用者から積極的に話し掛けてくれることもあり、仕事や支援というよりも、日々の生活の中で、お互いが自然体でいられる関わりを心がけています。

　利用者と支援者としてだけではなく、人と人としての関わりを楽しむことで良い関係を築き、お互いの信頼関係を向上させていきたいと思っています。

職場の仲間とのかかわり

　職場は、年齢や経験年数に関係なく、気軽に声を掛け合える明るい雰囲気で、業務や利用者に関わる引き継ぎから、プライベートなことでも楽しく会話ができ、それがチームワークの形成に良い影響になっていると感じられます。

　地域活動や施設行事等、普段の支援以外の場でも自然とお互いが協力し合い、仕事の枠を越えて楽しく参加することができています。

今後の夢や展望

　現状ではまだ学ぶべきことが多いと感じます。子どもたちの成長や自立を支える仕事に携わっていることをしっかりと認識し、さらに細やかな配慮ができるよう上司や先輩を見習い、もっと余裕をもって利用者と向き合い、適切な支援につなげられるよう努力したいと思います。

同僚・先輩からひとこと

　真面目な性格で責任感が強く、仕事に対しても最後までやり遂げる姿勢は、他の支援スタッフに対して良い見本となっています。子どもと関わる中でもよく笑顔が見られ、子どもたちからも頼りにされている存在です。最近はテニスも始め、公私ともに充実して仕事に取り組んでくれています。

（先輩からのメッセージ）

児童発達支援事業所で働くスタッフ

性別	女性
年齢	37歳
勤続年数	9年
趣味	アウトドア・旅行・買い物

プロフィール
臨床心理士・児童指導員・児童発達支援事業所主任。歌って踊れる臨床心理士をモットーに、子どもたちやご家族の気持ちに耳を傾けて、傾聴・拝聴を心がけ日々の支援にあたっています。プライベートでは、キャンプや雪山（スノーボード）など自然の中で遊ぶことが好きで、家族や友人と楽しんでいます。

勤務先の紹介
種別：児童発達支援事業所
規模：定員10名

事業所の特徴
社会福祉法人が、市の指定管理を受けて運営しています。療育を中心に、言語療法や作業療法等専門性の高い支援を地域で受けることができます。個人の尊厳に最大限の敬意をはらい支援を行うとの運営理念のもと、当法人では他に、保育園2園、就労継続支援B型、生活介護、相談支援等を運営しています。

仕事との出会い・きっかけ

臨床心理士になるため大学院に進学し、師事した教授から紹介された福祉施設でボランティアをしたり、大学の心理相談室に来訪する発達支援の必要な子どもたちと関わらせてもらいました。子どもたちの魅力に引き寄せられ、児童福祉施設に勤務。結婚で引っ越し、出産を経て、現在の職場と運命的に出会い、現在に至ります。

児童発達支援事業所

ある1週間の勤務の状況

月	火	水	木	金	土	日
日勤	日勤	日勤	日勤	日勤	休日	休日

ある1日のスケジュール
（木曜：日勤）

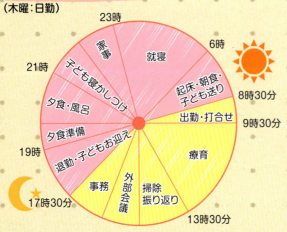

1日の仕事のながれと支援の内容

午前9時に支援スタッフ間の打合せを行い、その日に通園される親子の状態を共有しています。予測できることを確認し、安全管理及び一人ひとりへの配慮を検討しています。

9時30分、登園時の親子の状態を観察と聞き取りで把握します。午前中は、「朝の会」→「主活動」→「遊び」の流れを一定に行い、母子関係や人との関係の構築をベースに個々の目標に向かって支援を行っています。

12時の昼食には家庭から持参したお弁当を皆で食べます。支援スタッフもお弁当を持参して、利用者親子と食事場面を共有しながら、生活に根ざした食育や歯磨き等、一人ひとりに合った生活スキルも大切にしています。

療育終了後は、支援スタッフ間で、時間の使い方を大切にしながら、その日の療育について、次につなげる生産的な振り返りを行っています。

知的障がい福祉の **仕事をのぞいてみよう** 3

支援上心がけていること

　直接支援を行う上では、その子どもが何を見て、感じて、なぜそうするのかという視点を持つことを何よりも大切にしています。例えば、ある子どもが友だちを叩いたとします。「人を叩いてはいけません」とつい言ってしまいそうですが、その前にその子どもはなぜ叩くという行動をしたのかと考えます。叩くということが「やめて」だったり、「見て見て」という意味かもしれません。そうだとしたら、「やめて」と伝えればいいことや「ねえねえ」と優しく触る方法を大人が知らせていけばよいですよね。子どもの行動の意味を考えていくことで、お母さんも子どもの気持ちに気づき、理解できるようになると対応の仕方が変わっていきます。その積み重ねが、子どもの自尊心や自己肯定感を育て、人との関係が安定し、人と折り合いながら、生き生きと過ごすことにつながっていきます。そのために、子どもたち一人ひとりの理解の仕方や発達の状況を見立て、子どもの気持ちや状況、理解の仕方、成長してきたところ、目指すところをお母さんと支援スタッフが共有することを大切にしながら療育にあたっています。

利用者とのかかわり

　朝、玄関に入ってきた時から母子の様子を丁寧にみて、声を掛けていきます。母子での活動や排せつ・食事等生活に根ざした活動を一緒に行いながら、丁寧に観察をしています。また、直接子どもと関わる時も、母子の関係をつないでいくような関わり方をしています。また、お母さんから普段の子どもの様子や困っていること等を丁寧に聞き取り、家族の状況を把握し、その家族の生活をイメージしながら、お子さんとその家族が幸せになるためにどうしていくことが良いのかを考えて関わっています。お子さんの成長を直に感じ、お母さんと喜びをその場で共有し合えることがこの仕事をすることの喜びとなっています。

職場の仲間とのかかわり

　基本的なことですが、「ほうれんそう（報告・連絡・相談）＋確認」をとても大切にしています。これが支援スタッフ間のお互いの信頼関係にもつながり、また、事業所としての利用者との信頼関係にもつながると思っています。そして、感謝の気持ちを言葉にあらわすこと、その日その日の振り返りも今後にどうつなげていくかという生産的な振り返りを行えるように心がけています。主任という立場で日々悩むこともありますが、互いに話し合える関係性の中で他の支援スタッフの支えに感謝しています。一人ひとりの得意なところを生かして成長し、お互いを認め合えるような関係をさらに築いていきたいと思っています。

今後の夢や展望

　どの人も、その人らしくイキイキと生活することは誰しもの願いだと思います。それがわが子であればなおさら、わが子が幸せにイキイキと生活していくことが家族の幸せだと思っています。そんなお手伝いをさせていただける仕事をこれからも細く長ーく、続けていけるように、切磋琢磨していきたいです。その中で、乳幼児期〜大人になるまで、ご家族と一緒に成長を見守らせてもらえることが私の夢です。

同僚・先輩からひとこと

　専門性を生かした知見、なおかつ柔和な応対ができ、丁寧に支援をしている姿はとても好感がもてます。そのため、支援スタッフ間のみならず、利用者からも信頼されています。きちんと考えて答えを出していくプロセスは見事で、冷静に判断できるところが素晴らしい。子育てとの両立も応援しています。まさに輝らっと（キラット）輝くひとです。

（2人3脚の園長より）

他にもこんな支援スタッフが働いています。

ある支援スタッフの1日の仕事のながれ・支援内容

　　午前中は、起床援助、食事・身の回りを整えるなどの援助、介助。その後は学校への送り出し・学校送り（複数の学校への送り出しや付き添い）や日中の支援先への送りなどを行います。施設に戻ってからは、施設に残る利用者のお手伝い支援や環境整備のための掃除・整理整頓、書類作成、日誌や経過記録の記入や精神科医師診察に向けての資料づくりも行います。打合せや数々の会議では引き継ぎ連絡事項を確認します。

　　昼食支援を行った後の午後は、3〜4箇所の学校へ迎えに行き、施設に戻り、翌日の学校準備の支援、衣類整理、余暇活動の援助、利用者同士のトラブル回避のための支援なども行います。夕方からは、夕食支援や入浴・洗面、就床の援助などを行います。

ある支援スタッフの利用者とのかかわり

　　すべての利用者に対して言えることだと思いますが、言語でのコミュニケーションがむずかしい方は、特に私たちの表情や雰囲気に敏感です。そのため、挨拶や言葉掛けを行う際は表情や声のトーン等に気をつけています。また、私たちが"楽しい"と感じないと利用者も"楽しい"と感じてくれません。そのため、日々利用者と関わる際には、利用者・支援スタッフ共に"楽しい"と思えるよう試行錯誤の毎日です。その中で「人と人が接していく中でどうしていくか」ということを忘れずに、日々関わっています。

ある支援スタッフの利用者とのかかわり

　　利用者同士のトラブルの中には、他者との優劣や相手が気に食わないなどの理由で発生しているものもあるので、その状況を注意してみるようにしています。

　　利用者との関わりにおいては、コミュニケーションをとりたい利用者もいれば、場合によってはとりたくない利用者もおり、ケースバイケースで関わっています。生活の場であるがゆえ、健康状態の把握をしつつ、元気でいられるように配慮しながら関わっています。

ある支援スタッフの今後の夢や展望

　　幼少期に障がいがあることが分かり、そのご家族が落ち込んでいても、大事なことは命があること、そしていずれは今抱いている悩みや苦しみから解放されることに希望をもってもらえるような、そんな親子支援（母子支援）ができるような人になれたらいいと思っています。

ある支援スタッフの今後の夢や展望

　　利用者やご家族の気持ちをしっかり受け止め、耳を傾けられるようにしていくこと。その中で、一人ひとりの発達や特性を的確に捉え、その方が楽しく生きていく力をつけていけるような、支援を見立てる力を養っていくことが目下の目標です。さらに、乳幼児期から大人になるまでの切れ目のない支援を提供する事業を行っていくことが今後の大きな夢です。

ある支援スタッフの
心に残るエピソード

「 一歩 」

男性・20代・勤務年数：8年

　　入所した当初は、表情も暗く自分から他者にあまり関わろうとせず、こちらが話し掛けてもうつむいて返事をする等、正直なところ暗いという印象の利用者でした。

　　その利用者について、支援スタッフ皆で今後の対応等について話し合いを行い、その話し合いのもとに今後の支援を行っていくことになり、私はその利用者の生活支援の担当になりました。生活支援をとおして日々関わっていく中で、少しずつではありますが表情が明るくなり、自分から学校での出来事を楽しそうに話してくれるようになりました。

　　チーム全体で取り組むことの大切さ、日々の関わりの中でその利用者が変わっていく姿が、目に見えて分かった時とても嬉しかったです。

支援スタッフ委員会からのコメント

　　支援スタッフが連携し、利用者が何を必要としているかを探し出すことはとても重要です。利用者の話に耳を傾けるとともに、行動から何を求めているかを見つけ出すことが必要とされています。しかし、私たち支援スタッフの思いだけでは成立するものではありません。このエピソードでは、日頃の関わりを通して信頼関係が構築されてきたので行動に変化が生まれてきたのではないでしょうか。この変化は、はじめの一歩であり、これからの人生のほんの一場面です。一歩ずつ積み重ねることによって、利用者の人生も豊かになってくると思います。

ある支援スタッフの
心に残るエピソード

「 成長 」

男性・30代・勤務年数：11年

　　刺激に弱く、刺激を受けると支援スタッフの言葉がなかなか受け入れられない利用者がいました。療育で散歩に行き、公園に着くと、いつも走り出してしまい、話を聞くことがむずかしい利用者でした。人が好きで、衝動性があり、大声で叫んだり、他の利用者に手が出たり（もちろん理由があるのですが）…。お母さんもこの利用者の気持ちを頭では分かりながらも、気持ちがついていかず、この利用者との生活に悩み、涙することもありました。それでも、母子で日々、療育を積み重ね積み重ねしていったある日、いつものように公園に着いて、その利用者が走りだそうとした時に「○○さん、まだだよ。」と支援スタッフが声を掛けると、「あ、そうだった。」と言って、皆が座っているところに戻ってきたのです！その瞬間にその利用者のお母さんと支援スタッフ全員が立ち会うことができ、その利用者の成長を目の前で見て、その成長をその場にいた皆で喜び合えたことが、涙が出るほど嬉しかったことを今でも思い出します。仕事なので、つらいことや苦しい時もあります。でも、こういう瞬間があるから、この仕事はやめられないなと思っています。

支援スタッフ委員会からのコメント

　　利用者の行動ばかりでなく、その水面下（環境因子・障がい特性）に着目し支援することが重要です。支援スタッフの対応一つで、利用者の生活は変化します。成功体験が成長につながり、生活の質を向上させているのではないでしょうか。私たち支援スタッフは、支援の結果がすぐに反映されず報われないと悩むことも多いですが、適切な支援を続けることで出来なかったことが出来るようになったり、良い行動を発見した時等の喜びがこの仕事のやりがいであり、支援スタッフ自身のモチベーションアップにつながっているのではないでしょうか。

活動や労働を支える仕事

生活介護事業所で働くスタッフ

性別	女性
年齢	25歳
勤続年数	2年
趣味	旅行

勤務先の紹介
種別：生活介護事業所
規模：定員30名

事業所の特徴
養護学校卒業生の受け皿として新設されました。都市部ですが緑地に面した川面と公共施設に囲まれた静かな環境で、敷地の一部を歩道として地域に開放した「柵の無い事業所」として活動しています。平均年齢は20代前半ととても若く、活気に満ちた雰囲気です。

プロフィール
福祉系大学を卒業し、社会福祉士の資格を取得。障がい福祉サービス事業所に就職。日中は、生活介護のグループに配属され、3年目を迎えています。プライベートでは、ブレイクダンスを7年続けています。大学在学中には全国大会で優勝。社会人になってからは、練習に行く回数は減ったものの、仲間とともに、楽しく続けています。

●● 仕事との出会い・きっかけ

小学生の頃、祖父が入院していた病院でヘルパーの方と話す機会があり、福祉に興味を持ちました。福祉系大学に進学し、知的障がい児の学童クラブでアルバイトしていました。また、社会福祉士の実習として、知的障害者施設の就労継続支援B型事業所で4週間学ばせていただき、この分野に非常にやりがいを感じました。

●● 生活介護事業所

ある1週間の勤務の状況

月	火	水	木	金	土	日
日勤	日勤	日勤	日勤	日勤	休日	休日

ある1日のスケジュール
（金曜：日勤）

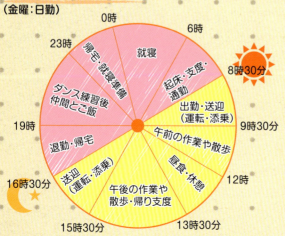

1日の仕事のながれと支援の内容

午前8時30分よりミーティングを行った後、利用者の送迎（運転・添乗）に行きます。10時30分からは作業時間で、ボールペンを組み立てたり、袋に入れたりする仕事や、フリーペーパーにチラシをはさみ、近隣住宅へポスティングをする仕事など、受託作業がメインとなります。それぞれの利用者に合った方法や、ペースを模索しながら補助や言葉掛けを行っています。また、作業が一段落している時には、散歩に出かけます。

12時より昼食を利用者と一緒に食べます。お昼休みは、利用者と一緒にipadで動画を検索したり、本を読んだりと、のんびり過ごしています。

13時30分から午後の作業が始まります。その後帰りの支度を行い、15時30分より帰りの送迎を行います。送迎から帰り、ミーティングを行って、一日が終わります。

知的障がい福祉の 仕事をのぞいてみよう 3

支援上心がけていること

　利用者が出来ることはご本人でやってもらう、ということを心がけています。支援スタッフが行った方が効率の良い場合や、言葉掛けをしてもなかなか動いてもらえない時、つい手助けをしてしまいそうになることがありますが、それが積み重なることで利用者の自立を妨げてしまう可能性もあるため、気をつけています。

　また、利用者をなるべく褒めたり、認めたりすることを意識して支援しています。ボールペンの組み立て作業がたくさんできた時、いつもは嫌がる作業に少しでも取り組めた時、何かしてもらった時に相手に「ありがとう」と言えた時、些細なことでも「○○さん、すごいですね！」と伝えるようにしています。それが少しずつ自信につながってくれるといいなと思っています。とても単純なことかもしれませんが、大切なことだと思って続けています。

利用者とのかかわり

　20歳前後の若い利用者が多いため、あまり気取らずに関わることを意識しています。年齢が近い分、好きなマンガやアニメの話題で盛り上がることも多くあります。

　また、言葉掛け等をする時には、利用者のペースを崩さないよう、タイミングに気をつけるようにしています。「まだ」と言われた時は、また後で言葉掛けをしたり、言葉掛けするスタッフを変えたりして、支援スタッフのペースにならないよう意識しています。

職場の仲間とのかかわり

　分からないことや、悩んだ時に、いつでも話を聞いて、アドバイスをくださる上司・先輩方に恵まれ、毎日楽しく仕事をしています。あっという間に3年目を迎え、後輩から刺激を受けることも多々あります。パートの方も合わせ、20人程の事業所なので、ピンチの時は皆でどうするか考えながら乗り越え、楽しい時は皆で盛り上がれる楽しい職場です。職場の仲の良いメンバーとは、プライベートでも週末に飲みに行ったり、遊びに行ったりしています。違う事業所に配属された同期とも、たまに会っては情報交換をしています。

今後の夢や展望

　支援スタッフとしてまだまだ未熟なところがたくさんあり、問題があった時や切羽詰まった時に、つい慌てて落ち着いた対応ができなくなることがあります。いつでも周りの様子を見ながら、冷静に対応できるようになりたいと思います。

　将来の明確なキャリアプランはまだありませんが、公私ともにバランスよく充実させることができる職場なので、今できることを最大限に楽しんでやっていけるといいなと思います！

同僚・先輩からひとこと

　仕事に向かう姿勢や利用者への関わり方、どれをとっても一生懸命さが伝わってきます。後輩の良いお手本にもなっており、諸先輩方も見習うべきことの一つに、利用者支援への分析力と修正力が挙げられます。今日の支援がうまくいかなかった時、どうしてうまくいかなかったのかを自ら見直すことができ、明日はこうしてみようというアイディアを考えることを惜しまない姿勢が素敵です。

（チーフからのメッセージ）

他にもこんな支援スタッフが働いています。

ある支援スタッフの1日の仕事のながれ・支援内容

　私の勤める法人では、芸術活動に重点を置いており、陶芸・木工・織物等の活動を行っています。さらにパン製造、喫茶店等、活動の選択肢も多い分、業務に慣れるまでは時間もかかりました。また敷地が広く、利用者と共に行う環境整備も大切な活動の1つです。週に一度、絵画を専門とする支援スタッフと絵画創作をし、完成されたものは美術館に展示されており、利用者の自信にもつながっています。

ある支援スタッフの1日の仕事のながれ・支援内容

　以前は入所施設に勤務しており、夜勤もありましたが、現在は通所施設勤務のため日勤帯のみの勤務です。毎朝、通所される利用者の健康チェックから始まり、身近なことなどの情報提供や健康管理を踏まえた事業所周辺のウォーキングを行い、作業や食事、排せつ、歯磨き、入浴、手先の訓練（微細運動）などの支援を行っています。また、各季節ごとの行事や月に1回の外出などを企画し、利用する方に"満足"を届けることができるよう努力しています。

ある支援スタッフの利用者とのかかわり

　人と人とのつながりの基本である挨拶から1日が始まります。会話やコミュニケーションをとることで、その日の体調や状況などを把握し、1日の支援を行います。
　利用者一人ひとりに合った環境や支援の内容を支援スタッフ間で話し合い、共有することを心がけています。

ある支援スタッフの利用者とのかかわり

　年上の利用者は先輩であり、自分が支えられ、助けられていると感じることが多々あります。障がい特性に合わせた配慮以外は、人として接する。何でも一緒に楽しむ。そのために、自分が楽しいと感じられるものも伝えられるようにしたいと考えています。

ある支援スタッフの仲間とのかかわり

　事業所内では、十数名の支援スタッフで支援を行っているため、支援スタッフ間での情報共有を大切にし、お互いに教え合ったり、指摘し合ったりできる環境づくりに努めています。
　また、プライベートでは飲み会なども行い、コミュニケーションを図っています。

ある支援スタッフの仲間とのかかわり

　より良い支援を提供するために、仲間同士で意見を出し合い、衝突することもありますが、仕事中も利用者と支援スタッフが交わり、笑い声が絶えない職場となっています。また、プライベートでも、日程を合わせて飲み会やスポーツ大会を開き、楽しく過ごしています。

ある支援スタッフの
心に残るエピソード

「 チームワークに救われて 」

男性・20代・勤務年数：3年

　　前職は高齢者施設で介護士として働いていました。その後、障害者施設で働くことになり2年目、強度行動障がい専用棟で働くことになりました。そこでは、支援の方法が細かくマニュアルで決まっており、支援スタッフの1つの失敗が、利用者の負担となり、そのストレスが利用者の行動に出てしまうことがありました。当時の私はまだ自閉症の方の支援経験が浅く、ミスが続いており、「このままここで仕事を続けるのは職場に迷惑をかけるのではないのか」と悩んでいました。

　　ある日、他の支援スタッフから、「頑張って仕事をフォロー（雑務周辺業務など）してくれてありがとうね。わからないところとか苦手なところはフォローするから〜。」と声を掛けていただきました。私の頑張りや長所を見てくれて、声を掛けてくれたことで、他の支援スタッフに迷惑ばかりかけていたけれど、私も少しは皆さんの力になっていたと感じることができて、心も軽くなりました。また、チームで仕事をする大切さを改めて感じ、そのためには溜め込まず、声を掛け合うことが大切だとも思いました。

　　それから1年が経ち、新しい支援スタッフが入ってきました。去年の私の苦しかったこと、うれしかったことなど、なるべく多く支援スタッフ間で話をするようにお互い声を掛け合うよう心がけています。

支援スタッフ委員会からのコメント

　　日々の頑張りは利用者にも一緒に働く支援スタッフにも伝わります。「ありがとう」「助かるよ」といった一言に支えられることは多くあります。お互いが思っていることを素直に伝え合える環境があってこそ、チームワークの向上につながります。福祉に携わる者として、利用者やその家族を思いやることはもちろんですが、同様に一緒に働く仲間を思いやる気持ちを持ちながら働くことも、自分をより高めてくれると思います。感謝の気持ちが伝えられる職場は素晴らしいと思います。

就労移行支援事業所で働くスタッフ

性別	男性
年齢	36歳
勤続年数	16年
趣味	野球、ゴルフ、オンラインゲーム

プロフィール

36歳独身（おひとり様）を謳歌しています。知的障がい児の事業所を経て、現在就労移行支援に携わらせていただいています。

プライベートでは、趣味の野球とゴルフに汗を流しています。どちらも練習してもなかなか成果が出ず、自己流に研究を重ねるという幸せな悩みを抱えて生活しています。

勤務先の紹介

種別：多機能型事業所定員75名（うち、就労移行支援15名）

事業所の特徴

当法人では、その他に就業・生活支援センターの事業を受託しており、「住む」「働く」「楽しむ」「その人（あなた）らしく」を支援し、地域生活への移行に積極的に取り組んでいます。

■ 仕事との出会い・きっかけ

障がいのある方の支援に惹かれ、高校生の時に保育士を目指し専門学校へ進学し、専門学校の教員の勧めにより現在の法人の就職試験を受け就職しました。

知的障がい児の事業所で13年間勤務後、同法人内の現在の事業所へ配置換えとなり、4年が経過しました。

■ 就労移行支援（多機能型事業所）

ある1週間の勤務の状況

月	火	水	木	金	土	日
日勤	日勤	遅出	日勤	早出	宿直	休日

ある1日のスケジュール
（月曜：日勤）

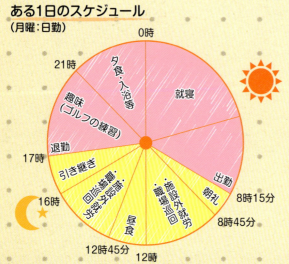

1日の仕事のながれと支援の内容

当事業所の就労移行支援事業では、事業所内活動を実施しておらず、すべての利用者が一般企業内において施設外就労・支援を行っています。

施設入所支援も行っているため、シフト制で出勤時間が異なりますが、就労移行支援を利用されている方々へ、「一般就労をするにはどのようなことが必要か？」というところから、「就職って何？」というところまで、それぞれの障がい特性に合わせた支援をしています。

施設外支援を中心に取り組んでおり、毎日企業の中で「働く・就職する」とは、こういうことなんだと肌で感じていただきながら、就労に必要なスキルの取得や人間関係の構築に必要なコミュニケーションのとり方など、様々な課題やニーズに対応しながら仕事をしています。

知的障がい福祉の 仕事をのぞいてみよう 3

支援上心がけていること

　私たちの事業所では、「一般就労とはすべての労働者としての権利を保障された雇用」という考えのもと、事業所のこだわりでもある一般就労での『一日も早い就職と一日でも長い就労』を応援できるよう利用者と関わることを心がけています。就職が目的ではなく、就労を継続することを一番に見据え、企業が障がい者雇用の理解を正確にされているか、本人が仕事をやりやすい職場環境になっているか等について、職場関係者との調整を行い、本人が少しでも楽しく働けるような関わりを大切に支援にあたっています。

利用者とのかかわり

　養護学校高等部や高等特別支援学校の卒後進路として利用される方が多く、若い方ばかりで話についていけないことも多々あります。

　就労移行支援事業は、サービスの利用に期限が設けられているため、早急な信頼関係の構築が必要とされ、コミュニケーションツールの1つとして何とか話についていけるように、日々テレビや雑誌を見ながら情報を収集する努力をしています。

職場の仲間とのかかわり

　サブリーダーという立場ではありますが、何でも言い合える、指摘し合える仲間づくりを目指しており、立場の垣根を超え、積極的にコミュニケーションがとれていると感じています。

　仕事終わりや休日には、先輩や後輩を交えて「飲みニケーション」の機会を企画し、笑い話や時には熱い仕事の話になることもあります。

今後の夢や展望

　障がい特性の理解を深め、伝え方の工夫やコミュニケーションツールの幅を広げ、利用者のニーズに応えられるように、努力していきたいと思います。

　今後、成人されて大人になった利用者の方々と昔を振り返りながらお酒を飲みたいです。

同僚・先輩からひとこと

　職人肌で無口な印象とは違い、話してみると意外と気さくでユーモアのある性格で、ギャップ萌えさせてくれています。

　オンとオフのギャップもあり、仕事には熱く、プライベートでの抜けっぷりも素晴らしいです。そんなギャップも支援に影響しており、利用者の皆さんからも一目置かれる存在になっているのではないかと思います。

（同僚からのメッセージ）

他にもこんな支援スタッフが働いています。

ある支援スタッフの1日の仕事のながれ・支援内容

　利用者は毎日午前9時に通所してこられます。朝礼後、最初に行うのが掃除です。1日を気持ちよく始めるために、毎日行っています。午前中は、個別学習の時間。公文式学習を取り入れ、自分のできるところを時間内で取り組みます。集中して最後までやりきる習慣を身に付けることが目的です。さらに、報告・連絡・相談も身に付くように、一定のルールの中で取り組んでいます。午後は、就職に向けた活動を行っています。週2日は選択制の作業活動も行っています。

ある支援スタッフの利用者とのかかわり

　「自分の話を聞いてほしい！」という方が今は多いです。話すことで気持ちが整理できたり、区切りがついたりしているように感じます。皆さん、自分の思いをストレートに語ってくださるので、楽しくもあり、時に大変でもあります。

ある支援スタッフの利用者とのかかわり

　主に利用者の相談業務が中心です。就職のこと、将来のこと、日々の作業や生活で困っていること、人間関係など、相談の内容は多岐にわたります。時にはハローワークに同行したり、市役所の手続きを手伝ったりしています。利用者の相談や就労支援をしていて、時々、利用者からの「ありがとう。」の言葉が一番の励みになります。

ある支援スタッフの仲間とのかかわり

　小さな事業所で、支援スタッフは私を含めて4人。私以外は女性です。ですが、性差で大変と感じたことはありません。利用者支援については皆一生懸命で、利用者が帰宅された後は、その日の振り返りを行い、自然と意見交換が出来ています。

ある支援スタッフの仲間とのかかわり

　事業所の特色として、仕事仲間は20代から70代までと年齢層が幅広く、人生経験豊かな方々が多数います。趣味のバイクでも仲間が沢山いて、休日に一緒にツーリングに出かけます。最近テントを買って、近所に住む家族とバーベキューやキャンプに行くのが楽しみになりつつあります。

ある支援スタッフの
心に残るエピソード

「 就労支援の歓び 」

男性・40代・勤務年数：19年

　　その利用者は、グループホームを利用しながら工場で働かれており、会社に不満はありませんでしたが、身体的な理由により別の仕事を探されていました。本人にアセスメントする中で、その利用者の親が介護士という影響から、高齢者介護の道に進みたいとの希望があり、求人を探すため支援スタッフが一丸となって仕事を探しました。そのようななか、高齢者施設の施設長の紹介で、何とか職場体験からスタートすることが出来ました。

　　それからは、実際の職場で本人の得意なことや不得意な業務の把握、時間の調整や変則勤務の体験等々、様々なことがありました。また就職に結びつけるためにホームヘルパーの資格取得を目指し、支援スタッフも一緒に教科書を開き、通信教育の受講先を探す等の支援も行いました。本人の努力の甲斐もあって順調に職場体験も通信教育も進み、見事資格も取得することができました。さらに職場体験先での評価が良好だったことで内定もいただけました。

　　就職が決まったら、グループホームを出て一人暮らしをすることを希望されていたので、「グループホームの卒業証書を授与しよう」ということになりました。職場体験最終日、支援スタッフから「おめでとう、良かったね。」等の言葉と卒業証書の授与を行った際、本人から「ありがとうございました。」と一言、そして涙に、私も思わずもらい泣きしていました。

　　私は支援スタッフになって20年が経ちますが、この時の利用者支援に対する想いと支援スタッフが一丸となったと思える感覚は今でも忘れられません。これから先、福祉の仕事を続けていく上で、様々な利用者、支援スタッフとの出会いがあると思いますが、この時の熱き想いを胸に頑張っていこうと思っています。

支援スタッフ委員会からのコメント

　　利用者の希望を正確に理解し、それを実現できた時、支援スタッフの喜びは大きく、この仕事をしていて良かったと心から思います。人は褒められたり認められたりすることで自信をつけ、自己を肯定し、力を十分に発揮することができます。

　　利用者からの笑顔や「ありがとう」に支えられている支援スタッフは全国に多くいます。言葉が発せない利用者でも日々の変化やその方の潜在的な能力をみた時、こちらの方が利用者に「ありがとう」と言いたくなるのです。

就労継続支援B型事業所で働くスタッフ

性別	女性
年齢	26歳
勤続年数	5年
趣味	スノーボード・ボディボード・筋トレ・書道

勤務先の紹介
種別：多機能型事業所定員52名（うち、就労継続支援B型20名）

事業所の特徴
空港が近く公共交通機関の利用に便利な立地ですが、豊かな自然に囲まれ、日々野鳥のさえずりが聴けます。また、当法人ではその他に施設入所支援、グループホームも運営しています。

プロフィール
専門学校の社会福祉科を卒業し、新卒で入職。以前は夜勤等もありましたが、現在は日勤と早番中心の業務です。プライベートでは、体を動かすことが大好き。季節を問わずアクティブに活動し、特に冬はスノーボードに夢中。最近は毎週書道教室にも通い、内面も磨いて女子力向上中！

仕事との出会い・きっかけ
高校生の頃から医療や福祉の仕事に関心があり、先輩の紹介で社会福祉系の専門学校に進学。当初、介護業界に興味がありましたが、授業で知的障害施設の支援スタッフの方が講師に見え、自閉症について学び、興味を持ちました。施設見学を通じて、利用者と支援スタッフの距離感や雰囲気が良いと感じた今の事業所に入職しました。

就労継続支援B型（多機能型事業所）

ある1週間の勤務の状況

月	火	水	木	金	土	日
日勤	日勤	早番	日勤	日勤	休日	休日

ある1日のスケジュール
（月曜：日勤）

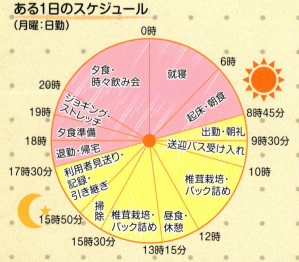

1日の仕事のながれと支援の内容
出勤後、事業所内の確認を行い仕事の準備。9時30分に送迎バスが到着して利用者を迎えます。その際に利用者の体調とご家族からの引き継ぎを確認しますが、朝一番の利用者の表情や会話にも注意し、気づいたことを他の支援スタッフにもすぐに伝えて、支援スタッフ全員が同じ認識で利用者と接することが出来るように心がけています。10時から椎茸栽培と出荷のためのパック詰めを開始。決められた時間の中で、利用者が集中して活動出来るような環境づくりに努めています。逆に休息中はリラックスした雰囲気づくりを意識し、利用者と和やかに過ごし、メリハリをつけた時間の過ごし方を心がけています。15時30分に利用者は帰宅され、以後は椎茸の管理業務や記録の作成を行います。

知的障がい福祉の **仕事をのぞいてみよう** 3

支援上心がけていること

　利用者も支援スタッフもある程度固定化した活動をしているので、信頼関係も築きやすく、困った時などは伝えやすい距離感になっています。活動の支援では、パックセンターで椎茸の包装等を行っていますが、日々の達成感を大切にしている利用者には、上手く作業のペースに乗ってもらえるようにしています。人それぞれ達成感を得る出来事が違うので、その違いを後輩に伝えることも責務と感じています。
　余暇や行事では、年に1回の旅行が大きな行事となっています。また、月に1回の余暇支援では、動物園やバーベキュー等の外出と、事業所内で行うたこ焼きパーティーやパンケーキ作り、バイキング等があり、皆さんとても楽しみにされています。

利用者とのかかわり

　利用者本人や社会の価値観など様々な物の見方がありますが、その人が自分に合ったものに気づくことができるような機会を増やすため、選択肢のある関わり方をするようにしています。また、自分では伝わるように伝えたつもりが、利用者が納得できずにいることを表情や行動で気づかされた時には、自分が押し付けてしまったように感じ、後悔することがありました。そのことに気づいてから、仕事に対する意識が変わってきたように思います。

職場の仲間とのかかわり

　年上の支援スタッフがほとんどですが、コミュニケーションを大切にしたいと思っています。まず話を聞くことを大切にし、伝えたいことも言葉にするようにしています。リーダーシップのある先輩がいるので、先輩を目標にする一方で、焦らず業務を行っていこうと思っています。
　また、退職した先輩ともつながりがあり、プライベートでもボディボードやスノーボードに出かけています。

今後の夢や展望

　地域生活を送られている利用者の休日の余暇活動や、日中の活動を自ら選択し安心して参加できるようにするための材料を増やしていきたいです。
　また、家族とのつながりも深めていき、真のニーズを共有し、サポートできるような仕組みを創っていきたいと思っています。

同僚・先輩からひとこと

　決めつけがなく、楽しさを追求している人です。利用者が納得できないことや楽しめないことに関しては先頭をきって代弁しています。この職場にそのような存在を求めていましたし、今後は職場の中心人物になってほしいと思っています。職場の風通しを良くしてくれている重要な1人だととらえています。

（先輩からのメッセージ）

他にもこんな支援スタッフが働いています。

ある支援スタッフの1日の仕事のながれ・支援内容

　私が勤める施設は自閉症という障がいのある方が多くいます。それぞれの方の特性に合わせて個別に用意した日課を支援しています。

　特に、コミュニケーション面での困難さと、感覚刺激による特殊な反応・行動に対して、環境を整える構造化と、視覚化するなどの方法を用いて支援を展開しています。

ある支援スタッフの利用者とのかかわり

　障がいのある方でも、仕事をしていく上で挨拶はとても大切だと思っています。出勤後、利用者の皆さんには必ず「おはようございます。」と挨拶して、返事が返ってくるように促しています。利用者の皆さんは仕事中は一生懸命に取り組まれています。休憩中はとてもリラックスした表情で休まれているので、その時に様々な内容の話をしています。少しでも笑顔になってほしいと思っているので、なるべく皆さんに言葉掛けをしています。

ある支援スタッフの利用者とのかかわり

　おしゃべり・ダンス・ランニング・ウォーキング。じっくり腰を据えてお話を聞くこともももちろんですが、体を動かしながらのコミュニケーションをとることが多いです。「週末の買い物で何を買おうか」「はたまた最近聴いている音楽は？」等々…。年齢も性別も関係なく賑やかにコミュニケーションをとっています。会話のできない方とは笑顔で分かるように会話することを心がけています。

ある支援スタッフの仲間とのかかわり

　支援スタッフ間でのコミュニケーションをとる場面は多いと思います。終業後に、皆で食事に行ったり、誕生会をしたり、遊びに行ったりすることもあります。

　「友だち」ではなく、仕事の「仲間」として良い関係が築けていると思います。

ある支援スタッフの仲間とのかかわり

　職場の仲間と定期的に食事会を開いたり、ウィンタースポーツなどを通じて仕事以外でも交流を図っています。利用者との接し方で困っている時などは相談にのってくれ、親身になって話を聞いてアドバイスやアイディアを考えてくれる、とても温かい自慢の職場と仲間たちです。

ある支援スタッフの
心に残るエピソード

「 叱られて、褒められて 」

男性・20代・勤務年数：2年

　　私は昔から要領が悪く、職場に迷惑をかけることが多々あり、その際に叱られることも何度も
ありました。先輩たちのその叱り方がとても人の心に配慮されたものだと非常に印象に残ってい
ます。

　　まず、決して他の同僚の目の前では叱らず、場所を配慮して叱ってくれたことです。私自身の尊
厳に配慮している心遣いが本当に有り難いものだと感じました。そして決して私自身の人格自体
を否定せず、あくまで私のミスのみを指摘して話を進めてくれます。感情的にならずに冷静に話を
してくれるので、私も落ち着いて話を聴くことができ、次回はもっと頑張らなくてはと意気込むこ
とができました。そのため今まで叱られて不快な気持ちになったり、仕事場に行くのが嫌になった
ことはありません。常に前向きな気持ちで仕事に向き合えたことを私は誇りに思っています。

　　また、褒め方も印象に残っています。私の仕事を小さなことでもすぐに褒めてくれるので「また
頑張ろう」という気持ちになりました。そのことを他の同僚にも話されることが多かったので、少
し照れくさい気持ちになると同時に嬉しい気持ちにもなりました。

　　これまでのことを振り返り考えると、先輩たちは本当に人の尊厳を大切にして人と触れ合って
いるのだと感じました。仕事仲間・利用者関係なく1人の人間と向き合っているのだと感じました。
福祉という人と触れ合う仕事で何より大切なことを身を持って知ることができました。

支援スタッフ委員会からのコメント

　　私たちの仕事は人の人生に大きく関わり、時として命に関わることもあります。だから失敗はとても怖いです。
しかし、支援スタッフは皆同じ経験を積んでそれぞれの場所にいますから、初めの戸惑いや悩みは分かち合え
ます。

　　私たちは、利用者の幸せも権利も守れる存在にもなれるし、侵害する立場にもなってしまう可能性がありま
す。それを自覚し、人と向き合うことが私たちの仕事です。人は誰でも苦手な面や素晴らしい面を持っています。

　　利用者支援では凹ではなく、必ず良いところがあるはずと凸に焦点をあてます。そのような支援が身に付
いていると、支援スタッフ同士も人の尊厳を大切にし、引き出される力に注目できる職場がつくられると思って
います。

就労継続支援A型事業所で働くスタッフ

性別	男性
年齢	37歳
勤続年数	11年
趣味	乗馬・カメラ

プロフィール

大学では畜産学科を専攻、馬術部にも所属し、大学卒業後は競走馬の育成牧場で2年程勤めていました。その後、縁があって福祉の世界に入り、知的障がい者の方の支援に携わって11年になります。プライベートでは、たまに馬に乗ったり、一眼レフカメラを持って写真を撮りに色々と出かけたりしています。

勤務先の紹介

種別：多機能型事業所定員20名
（うち、就労継続支援A型13名）

事業所の特徴

就労継続支援A型事業では、お寺の境内でうどん店を経営し、多くのお客様にご来店いただいています。
当法人には他に、障害者支援施設、高齢者支援施設などもあり、事業所間での交流を通して、支援の質の向上に努めています。

仕事との出会い・きっかけ

前職を退職後、姉の紹介で姉も勤めていた今の法人に入職しました。初めに勤めた施設では、日中活動の一つに酪農があり、学生時代の経験を大いに生かすことができました。同施設には7年間勤め、その後異動して、現在の事業所に4年間（生活介護 2年→就労継続支援A型 2年）勤めています。

就労継続支援A型（多機能型事業所）

ある1週間の勤務の状況

月	火	水	木	金	土	日
日勤	休日	日勤	休日	日勤	日勤	日勤

ある1日のスケジュール
（日曜：日勤）

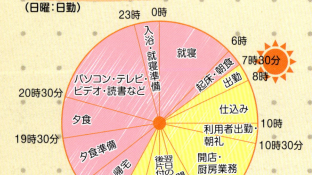

1日の仕事のながれと支援の内容

朝、開店3時間程前から支援スタッフと数名の利用者で、ひたすら仕込み業務に取り組みます。仕込みの時間は、時折、利用者と雑談を交えてコミュニケーションをとることで、普段の生活の様子をうかがったり、悩みや不満を聞いたりする時間にもなっています。

開店30分前になると、スタッフ全員で朝礼を行い、2人1組になって「身だしなみチェック」をしたり、店訓を全員で読んで「声出し」をしたりします。司会は、毎日利用者が交代で務めます。開店すると、厨房とホールに分かれて、利用者と一緒に厨房の業務と接客業務に取り組んでいます。

昼食は、利用者は営業中に交代で食べていただきますが、支援スタッフは、いつも閉店後に食べることが多いです。閉店後は、役割を分担して、後片付けや翌日の仕込みを行います。

知的障がい福祉の **仕事をのぞいてみよう** 3

支援上心がけていること

　利用者一人ひとりの能力にあった業務を提供して、毎日やりがいや責任を持って仕事ができるよう支援にあたっています。
　朝、利用者が出勤した際は、支援スタッフから積極的に大きな声で「おはようございます！」と声をかけ、気持ちよく仕事が始められるように心がけています。
　繁忙期には、利用者・支援スタッフ共にヘトヘトに疲れ、モチベーションが下がりがちですが、いつも仕事に対する意識を高く持つために、「お客様が喜んでくださること」を励みにして、それぞれの業務を頑張っていただいています。
　仕込みや後片付けの時間は、業務の指導や見守りに加えて、何気ない会話をしたり、ねぎらいの言葉をかけたりして、コミュニケーションをとることも大切にしています。そして、コミュニケーションを通して知ることができた悩みやうれしかった出来事を支援につなげて、利用者に「もっと楽しく」「もっとやりがいをもって」働いていただけるよう努めています。

利用者とのかかわり

　現在、就労継続支援A型は13名の方が利用しています。うどん店の運営を通して、仕事に楽しさややりがいを感じていただけるように日々支援していますが、うどん店という限られた環境の中で、13名それぞれの利用者の個性や能力に合った本人が満足して取り組める業務を提供することのむずかしさをいつも感じています。また、利用者の相性を考慮した配置にしたり、悩みや不満があれば随時話を聞くなどして、利用者同士の人間関係を良好に保ち、安心して仕事ができるように気を配ることの必要性も強く感じています。

職場の仲間とのかかわり

　職場の後輩や上司とは、利用者支援に関して、些細なことでも話し合える関係で、よく相談にのってもらっています。さらに、皆が事業所をよくしていくために前向きな姿勢なので、とても居心地がいいです。仕事以外では、飲み会にも参加して、普段からコミュニケーションがとりやすい環境をつくるようにしています。
　法人内の他の事業所には、同期で入社した支援スタッフが数名いて、時折、仕事で一緒になったり、プライベートで食事をしたりすることがあります。福祉の職場で苦楽を共にした仲間が今もいることはとても心の支えになっています。

今後の夢や展望

　事業所内の生活介護を利用する方にも、うどん店の業務の中で比較的単純な作業を提供して、一緒に店舗運営に参加していただき、少しでも工賃がお支払いできるような体制をつくっていきたいです。また、もっと多くの障がいのある人に働く喜びを感じていただくために、うどん店の他にも就労の場（個人的には、カフェなどの直接お客様と接することができる仕事）を増やしていければいいなと思っています。

同僚・先輩からひとこと

　口下手で、自分の考えをうまく人に伝えられていないなぁと感じることがたまにあります。自分をアピールするのも苦手で、目立つキャラではなく、裏でコツコツがんばるタイプかなと。ストレングス（良いところ）は、いつも落ち着いた雰囲気があり、冷静に行動ができるところですかね（笑）。本人は、自分は人見知りだと言っていますが、仕事中はそれなりに他の支援スタッフなどとうまくコミュニケーションが取れている印象を持っています。
（上司からのメッセージ）

他にもこんな支援スタッフが働いています。

ある支援スタッフの1日の仕事のながれ・支援内容

食事、宿泊、乗馬などができるサービス業メインの施設です。朝のミーティングで利用者の皆さんへ仕事を配分し、各自でしっかりと動いていただいています。利用者が自分たちで積極的に仕事が出来るよう得意・不得意を見極めることや、支援スタッフ・利用者合同の連絡ノートなどを活用して不安や確認ミスなどがないように心がけています。皆さん優しさを持って接してくださいます。

ある支援スタッフの1日の仕事のながれ・支援内容

麺類の加工作業を、精神障がいの方と行っています。気持ちが安定しないことがあるので、忙しい時は作業工程を小分けにして負担にならないように心がけています。

一生懸命に仕事をされるので、一段落した時は、少しの時間でも世間話をしています。センスの良い方には、時には包装の仕方など、どのようにしたら良いか、意見を聞くこともあります。

ある支援スタッフの利用者とのかかわり

まずは理解する、そして理解されるよう心がけています。個性豊かな方々ばかりで、何気ないことで笑い合えることに楽しさや嬉しさを感じます。

馬を介すると、また違った一面を見ることができます。好きな馬がいると率先してブラシ掛けなどをしたり、異変に気づいたらすぐに報告してくれます。ふとした時に「本当の優しさ」が見られます!

ある支援スタッフの仲間とのかかわり

障がいがあってもなくても、活き活きと働くことができる社会をつくりたいです。就労事業を通じて、人との交流を増やし、その中に障がいがある方がいつの間にかとけ込んでいる。障がいのある方たちの得意なところが活かされる環境がこの世の中には多くある。そんな社会をつくるきっかけづくりをしたいです。

ある支援スタッフの仲間とのかかわり

利用者の面談をしていると、"このような時には、どのように言葉掛けをしたら理解してもらえるのだろう"と思うことがあり、私自身勉強不足だと思うことがあるので、もっと深く福祉の勉強をしていきたいと思っています。

ある支援スタッフの仲間とのかかわり

福祉施設としての機能はもちろんのこと、地域の施設として皆さんから愛される場所となるように日々邁進しています。

当事業所が運営するライディングパークに来ると楽しいと1人でも多くの人に言っていただけると嬉しいです。動物セラピーの1つとして乗馬療育も広めていきたいと思います。

ある支援スタッフの
心に残るエピソード

「いつもありがとう～支えるわたし・支えられるわたし～」

男性・40代・勤務年数：19年

　私の勤める施設では、4年前から「ふれあい収集」という事業を開始しました。「ふれあい収集」は
ゴミを集積場に自ら持っていけない施設近隣団地にひとりでお住まいの高齢者を対象に、ゴミを
自宅まで受け取りに行くという活動です。また、高齢者の方の孤独死が社会問題とされている昨今
に、対象高齢者の方の安否確認や、これまで地域に支えられてきた私たちが、地域の高齢者を支え
ていくことを目的としています。

　実際に活動している利用者にこの事業の意義は、なかなか理解しにくいかもしれませんが、毎日
肌で感じ取っていることが一緒に活動をすることで見て取れました。

　ゴミを受け取りに行った際に利用者から挨拶をします。

　「おはようございます。ふれあい収集です。ゴミを回収しに来ました。」

　高齢者の方も挨拶を返してくれます。

　「いつもありがとう。」

　利用者はいつもこの時に嬉しそうな表情を浮かべられます。

　そして、「明日もふれあい収集がんばるよ。」と必ず言われます。

　普段、入所施設はとても閉鎖的な環境に陥りがちで、利用者も日々の生活の中で褒められること
が少なくなっています。

　褒められて嫌な人はいない。そんな当たり前のことを、施設の利用者と地域住民とのやりとりの
中で改めて感じ、自らの支援のあり方を日々考えさせてもらっています。

支援スタッフ委員会からのコメント

　障がいの有無にかかわらず、人は人と関わる中で生きたいと思っています。
　知的障がいがある方は障がいがあるからといって、いつも支援され、介助される存在でしょうか。
　家族の中で笑顔を見せるだけでも、家族の気持ちを支えている方がいます。
　地域の中での役割を得て、褒められて、自己肯定感を持てるようになった方がいます。
　「あなたが必要」「あなたがいてよかった」一方的に支えるだけではなく、そんな言葉を言い合える関係を少
しでも多く築いていきたいですね。

暮らしを支える仕事

障害者支援施設で働くスタッフ

性別	女性
年齢	27歳
勤続年数	8年
趣味	漫画・映画鑑賞・カラオケ・バレーボール

プロフィール
高校卒業後に就職。素晴らしい上司や先輩方の支えがあり、現在9年目を迎えました。仕事終わりには、先輩や後輩と一緒に食事をしたり、時には熱く語り合ったりしています。休日はゆっくり寝ることが至福の一時。旅行やカラオケにも行ったりして、仕事にプライベートにと毎日がとても充実しています。

勤務先の紹介
種別：障害者支援施設
規模：入所定員75名

事業所の特徴
施設周辺には学校や道の駅があり、山や川など自然に囲まれていて、夜になると夜景がとても綺麗に見えます。
また、当法人では他に、生活介護、児童デイサービス、相談支援、グループホームなども運営しています。

仕事との出会い・きっかけ

高校生の頃は進学を考えていましたが、兄弟がまだ幼く、両親に負担をかけたくないと悩んでいました。その際、私が福祉コースに通っていたこともあり、障害者支援施設を紹介していただき、就職という道を選びました。就職して、人間らしさや本気の自分に出会うことができ、自分の選択は間違っていなかったと確信しています。

障害者支援施設（施設入所支援）

ある1週間の勤務の状況

月	火	水	木	金	土	日
日勤	夜勤	夜勤明	休日	早出	休日	遅番

ある1日のスケジュール
（火曜：夜勤）

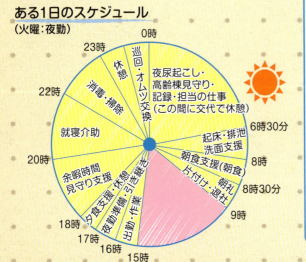

1日の仕事のながれと支援の内容

現在日中は就労支援班に所属しており、朝の身だしなみや歯磨き支援など、その方の個別支援にそった支援を行います。通院や行事、その日の流れを確認し、各部署と細かいところまで話し合い連携を図っています。利用者とも朝礼を行い、各作業に分かれ、一緒に作業を行っています。

支援の中で気をつけ目標にしていることは、利用者が意欲を持てるような言葉掛けです。"出来ない、難しい"と思いがちな利用者に対して、自分も出来るんだ！やってみよう！という気持ちになっていただければ、出来ることが無限に広がり、可能性へと変わっていきます。小さなことでも出来たことを褒める、感謝することで、利用者が自信を持って仕事を行うことができます。

新しいこと、やりたいことなどにもどんどん挑戦させてもらえるので、利用者のために何が一番大切かを考えながら、毎日楽しく仕事をしています。

知的障がい福祉の **仕事をのぞいてみよう** 3

支援上心がけていること

　私の施設では主に利用者の夜間の安全を守り、就寝から起床にかけて食事・排せつ・衛生面等の支援をしています。夜間はそれぞれ居室でゆったりと過ごされたり、好きなテレビを見たりと思い思いに過ごされています。夜間は利用者も一番ゆっくり出来る時間なので、その時に利用者の想いや悩みに寄り添い、しっかり話を聞く時間に出来るよう心がけています。

　入所施設といえば、「起床時間が決まっていて、身支度を整えて朝食をとる」といういかにも"施設"といった固定観念がありますが、「私たちが家に帰った時と同じように暮らす"家"であるように」という施設長の考えにそって、夜間は部屋着で過ごし、起床時からも起きたままの部屋着で朝食をとれるようにすることで、利用者が本当の家と同じように過ごしていただけるよう、細かいところにも気を配っています。

利用者とのかかわり

　朝出勤したら、利用者一人ひとりに挨拶をすることを心がけています。利用者は誰もが言葉にして想いを伝えられる訳ではありません。まずは、顔を見て挨拶や話をして、その日の体調や状態、伝えたいことがないか等を利用者の気持ちを考えながら接することで、突発的な行動や症状などを予測し、利用者の辛さや苦しみを最小限に出来るように接しています。一番気をつけていることは、利用者の意向を聞くことと、意見を押し付けないことです。私の一番の幸せは、利用者が私の顔を見て笑顔で出迎えてくれることです。

職場の仲間とのかかわり

　18歳でこの世界に入り、初めは後から入ってくる支援スタッフは年上ばかりで、色々思い悩み、自分の立ち位置、居場所を探し続けていました。それでも諦めずに指導してくださった先輩には本当に感謝していますし、今では沢山の後輩もでき、自分が悩んできたことを無駄にせず、誰より聞きやすい先輩に、何より楽しい空間になるようにと一番に考え過ごすことで、今では私を慕ってくれる後輩も出来ました。"経験年数はあるけど年は近い"からこそ出来ることがあると思います。時間はかかりましたが、やっと自分の居場所を見つけることが出来ました。

今後の夢や展望

　仕事では、誰でも意見を言い合える、利用者も支援スタッフも笑いが絶えない職場にしていきたいです。今もまだまだ成長段階ではありますが、後輩と一緒に成長していき、お世話になった分、先輩方の力になって沢山の恩返しが出来たらと思っています。

　そして、ゆくゆくは結婚して、おばあちゃんになっても手をつないでデートに出かけられるような、素敵な旦那さんを見つけたいです。

同僚・先輩からひとこと

　向上心があり、時に壁にぶつかりながらも、何事にも懸命に取り組んでいます。持ち前の明るさと元気の良さで、利用者にも人気があります。新人の支援スタッフに、早く馴染めるように積極的に言葉を掛けたり、後輩の状況にも気を配り、悩みや困っていることがあると力になってあげる優しさも持っていて、頼りにしています。今後の成長にも期待ができる人材です。

（上司からのメッセージ）

他にもこんな支援スタッフが働いています。

ある支援スタッフの1日の仕事のながれ・支援内容

　勤務はシフト制で、早番・日勤・遅番・夜勤等、様々な勤務体制が組まれています。日勤の場合は、畑作業や受注作業（パチンコ台解体・お菓子の箱折り）等の活動をし、夕方の入浴支援を終えて退勤となります。夜勤の場合は、夕方に出勤し、食事や余暇、就寝後の巡回等を行い、朝食後に引き継ぎをして退勤となります。夜勤者は2名体制なので、休憩時間に仮眠をとって朝の業務に備えています。

ある支援スタッフの1日の仕事のながれ・支援内容

　早番・日勤・遅番・夜勤など勤務が不規則ではありますが、多くの人が仕事をしている平日に休みがあったり、昼で勤務が終わる日もあるため、貴重で大変有意義な時間を過ごすことができます。
　利用者が朝起きてから、食事・入浴・夜の就寝までの支援を行っていますが、週末の余暇時間には車に乗ってドライブに出かけたり、散歩をしたりと、屋外へ出かけることが多くあります。また、一日を使って、普段なかなか行けない温泉や外食に出かける機会もあり、利用者は大変楽しみにされています。

ある支援スタッフの利用者とのかかわり

　利用者は会話ができる方もいれば、できない方もいます。その人なりの表現方法で意思表示をされたりもします。文字や写真を使用した方が理解しやすい人もいます。それぞれ一番伝わりやすい方法でコミュニケーションをとれるように意識しています。利用者と意思疎通ができた時には大きな喜びがあります。

ある支援スタッフの利用者とのかかわり

　元気がなかったり、活動に対してやる気がないように見える時は、まず本人が何を思っているのかを考えるようにしています。そして、「そういう時もありますよね。」等と語りかけ、利用者が受け入れてくれるような姿勢でいるように心がけています。

ある支援スタッフの今後の夢や展望

　今の仕事を通して、もっと多くの人に障がいのある人のことを知って理解してもらえるようなことができたらいいなと思っています。まだまだそんな手段や方法は思いつきませんが、それに少しでも近づけるよう、私自身がもっと勉強して理解を深めていきたいと思います。

ある支援スタッフの今後の夢や展望

　大学や社会人で様々な障がいのある方と出会い、多くの経験をさせていただきました。この自分の経験を活かし、自分の好きなスポーツ・障がい者スポーツというものを通して、障がい者への理解をもっと社会に広めていきたいと思っています。

ある支援スタッフの
心に残るエピソード

「 支えてくれる仲間 」

女性・20代・勤務年数：3年

　私は現在、障害者支援施設で知的障がいのある方を中心に、身体障がい、精神障がいを併せ持つ方たちの生活支援を中心に行っています。

　このエピソードは、就職して2年目が終わる頃の夜勤の日の出来事です。

　いつもと変わらず、夜間見回り時に居室をうかがうとAさんがベッドから降りて、床に座って歌を歌っていました。ベッドで寝るよう言葉掛けを行い、ベッドメイキングをしていると、床から立ち上がり、2〜3歩歩いた瞬間後方に倒れ、ベッドに後頭部を打ち出血されてしまいました。私は、どう行動したらよいか分からず、一緒に夜勤をしていた先輩に報告することしか出来ず先輩から指示された必要なものを準備することで精一杯でした。緊急に通院する必要はありませんでしたが、処置の後、Aさんはなかなか眠れない様子であったため、一緒に居室で過ごしていました。Aさんは私の名前を呼びながら「心配ないよ、もう大丈夫だよ。」と繰り返し話してくれました。涙が止まらず、謝りながら一緒に朝を迎えました。

　上司や先輩からは、誰かがケガをした瞬間に「どうしたらいいか分からない」と焦ることは誰にでもあるけれど、その気持ちを一旦置いて冷静な気持ちになって行動に移すことが大切と話していただき、今の私に足りていない部分であるということを学ぶことが出来ました。

　いつも笑顔で接してくれる利用者の皆さん、私のことを考えて話をしてくれる上司や先輩方、落ち込んでいる時に支えてくれる同期がいてくれて、周りの人たちを頼りながら成長していくことが出来ています。今後、後輩が私と同じように突発的な出来事に出会った時には、少しでも力になれるようにしていきたいと思っています。

支援スタッフ委員会からのコメント

　誰もが冷静にとっさの判断が出来るわけではありません。分からないことや判断に悩む時には、すぐに先輩や上司に報告・連絡・相談し、適切なアドバイスを受けることが学びとなり、自身のステップアップにつながるのだと思います。また、どのようなことでも話ができる職場の雰囲気は、支援スタッフ同士のチームワークを高め、ひいては利用者支援の向上につながります。自分が受けて心に響いた言葉や助けられたことを同僚や後輩にかけることが、お互いを支え合う仲間づくりの第一歩となると思います。

居宅介護事業所で働くスタッフ

性別	男性
年齢	35歳
勤続年数	13年
趣味	サッカー・音楽鑑賞・酒

プロフィール
　福祉系の学校を卒業して、愛する地元での就職を果たしました。
　生まれ育った地域で利用者と共に生きることを誓い、「楽しむ」をモットーに日々の業務にあたっています。休日も幼馴染とサッカーや釣りを楽しむ好中年です。

勤務先の紹介
種別：居宅介護事業所
　　　（居宅介護・行動援護・
　　　　移動支援・福祉有償運送）
規模：利用者　約100名

事業所の特徴
居宅介護・行動援護・移動支援を行う事業所で、知的障がいを伴う自閉症の方が多く利用されています。在宅での生活が困難な利用者に対して積極的な家庭介入も行います。

仕事との出会い・きっかけ

　生まれてからずっと人に迷惑をかけ続けてきた自分が、学生時代の施設での実習を通して「こんな自分でも誰かの役に立つことができる」ことを知りました。また、そこで出会った「自閉症の方と関わること」の魅力に惚れ込み、以来ずっとその魅力に取りつかれ続けて現在に至ります。

居宅介護事業所

ある1週間の勤務の状況

月	火	水	木	金	土	日
日勤	日勤	休日	遅勤	遅勤	日勤	休日

ある1日のスケジュール
（月曜：日勤）

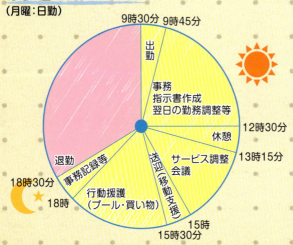

1日の仕事のながれと支援の内容

　勤務時間の大半は行動援護・移動支援で利用者との外出を行っています。移動支援では、送迎サービスなど日常生活を送る上で必要不可欠な活動のお手伝いをし、行動援護では、余暇外出としてプールや公園などへ出かけています。また、定期的に開かれるサービス調整会議にも出席し、その人がより豊かな生活を送れるように皆で話し合い、実践しています。
　施設系の支援とは違い、毎日お会いできる利用者ばかりではなく、なかには月に1回程度しか会えない方もいらっしゃるので、常に「一発勝負」のつもりで支援しています。
　余暇支援だけではなく、送迎や通院介助など日常生活に不可欠な外出への付き添いも行いますが、お互いに楽しくないので、正直に言うと私はそういうガイドは苦手です(笑)

知的障がい福祉の **仕事をのぞいてみよう** 3

支援上心がけていること

　利用者と屋外で活動するにあたり特に心がけていることは「自分の支援は第三者にどう映っているのだろう。」ということです。

　自身では良かれと思ってやっていることや療育と思い行っていることも、見る人が違えばとらえ方も違ってきます。いつどこで誰に見られてもいいようにスマートな支援を目指しています。

　また、外へ出かけることは単に利用者と楽しい時間を過ごすだけではなく知的障がいのある方の理解を促す啓発活動も兼ねています。

　時には地域の方に障がいや福祉サービスについての説明を行い、理解して受け入れてもらえるよう働きかけることもあります。

　利用者とのお出かけは一日の中でほんの数時間しかありませんが、そのわずかな時間が彼らの生活の中でかけがえのない時間となるように日々全力を尽くして支援にあたっています!

利用者とのかかわり

　この仕事をしていてよく聞かれることは「どこか楽しめそうな場所はない?」です。

　確かにそれも大事です。でもそれよりも「この人といればどこに行っても楽しいな」と思ってもらえるように日々関わっています。

　「あなたにとってのNo1」になりたい!そうです、気分はホストです!!

職場の仲間とのかかわり

　「話しやすい雰囲気づくり」、これだけは譲れないと考えています。内容は仕事のことだけでなく趣味や日常生活のことなども話すようにしています。

　ただ、最近はこちらがプライベートの話をするたびに後輩の皆が段々ひいていくのがわかり、少しさびしい今日この頃です。

今後の夢や展望

　障がいのある方や、そのご家族が誰にも遠慮することなく安心して外出できるような地域をつくっていきたいです。

　そのためにも、ただ利用者と出かけるのではなく地域の方々へ向けた啓発活動も兼ねた支援をしていきたいです。

同僚・先輩からひとこと

　利用者、ご家族、職場内でも信頼が厚いです。利用者のことを第一に考えており、支援については真剣に意見や助言をしてくれます。専門的な支援はもちろんですが、我われには常に「遊び心を忘れずに」と教えてくれます。

　職場内でも困ったことがあったらすぐに問題を解決に導いてくれたり、和やかで良い雰囲気をつくってくれる先輩です。

（後輩からのメッセージ）

他にもこんな支援スタッフが働いています。

ある支援スタッフの1日の仕事のながれ・支援内容

　　サービスの時間帯は朝からもしくは夕方からのこともあるため、出勤・退勤はフレックスタイム制です。居宅介護（ホームヘルプサービス）は自宅やアパートで生活している利用者の食事、排せつ、入浴、通院時の介助をする「身体介護」、調理、洗濯、掃除、買い物の支援をする「家事援助」、知的障がいや精神障がいのために行動上自己判断の力が規制される等、著しい困難を有する方の外出や余暇時間を支援する「行動援護」等、生活全般にわたる支援を行います。サービス中はヘルパーと利用者が1対1で関わる点が他の事業とは違うところで、決められたサービスの時間内に本人の想いを尊重し、本人のペースに合わせた支援を行えるよう心がけています。

ある支援スタッフの利用者とのかかわり

　　居宅介護（ホームヘルプサービス）では、利用者本人はもちろん、ご家族と接する機会もあります。本人と家族の関係は様々ですが、家族だからこそできる関わり、支援スタッフだからできる支援があると思っています。家族の負担を軽減することや、1対1だからこそ利用者の小さな変化を見つけられるように関わっています。自分自身の心にも余裕を持っていないと良いサービスはできません。外出や散歩の際は自分も一緒に楽しむようにしています。

ある支援スタッフの今後の夢や展望

　　もともと福祉の分野で「これがやりたい」と明確な目標があったわけではありませんが、この仕事を通して、「障がい者＝施設で生活している」というイメージが変わりました。障がい者が地域生活を送る中では、まだまだ福祉サービスの不足や人間関係で困ったり、様々な手続き等で戸惑うことが多いと思います。私が在籍している居宅介護事業所では利用者の身近な支援者として直接的に関わり、本人の意思を尊重しながら支援することを大切にしています。皆が安心して地域で共生できる仕組みをつくっていく1人の支援者として今後も関わっていきたいと思っています。

ある支援スタッフの
心に残るエピソード

「 最期まで寄り添う 」

男性・30代・勤務年数：13年

　　働き始めた当初は利用者が普通に毎日安心・安全に暮らせるようなサポートができれば良いと思っていました。4～5年経った時には支援計画を立て始め、どのような支援がその人にとって良いのか、悩みながらも自分なりに考え、支援をしていました。そのようななか、入職10年目の時に初めて担当した利用者が亡くなられました。会話はできませんでしたが、「あー」や「うー」と声を出して意思を表わす方で、亡くなる4ヶ月前から入退院を繰り返し、最後の入院となった時も、「また良くなって退院するだろう」と勝手に考えていました。お見舞いに行くと、何かを訴えるように「あー」と声を出されていました（今考えれば帰りたいという訴えだったと思います）。お見舞いに行くたびに段々とその声が弱々しくなり、最後は息が漏れているくらいの大きさしか聞こえなくなりました。医師から余命を宣告され、会話ができれば色々なことが伝えられる。けれども会話ができないので、その時には何もできない自分の無力さに気持ちは落ち込むばかりでした。46歳という若さで亡くなったこの利用者に、自分は何をしてきたのか、その人の役に立てていたか、それまでは深く考えていませんでしたが、私たちの仕事は支援を始めた時から、その人の人生に関わっているということを、この利用者との関わりから気づかせてもらいました。家族よりも一緒にいる時間が長い私たちがどれだけの存在になれるかは分かりませんが、どれだけ良い人生を送ってもらえるかを考えて日頃から支援を実践しています。

支援スタッフ委員会からのコメント

　　私たちの仕事は、利用者の人生に深く関わる仕事です。そして、家族より多くの時間を共有しているのも事実です。利用者の豊かな生活を支えるためには支援スタッフ一人ひとりが日々誠意をもって接し、気持ちに寄り添うことが大切です。つらいことも多く経験するでしょうが、寄り添う気持ちは利用者にきっと伝わっていると思います。利用者との関わりは決して一方的なものだけではありません。自分自身にとっても得るものが多くある、それがこの仕事の良いところだと思います。

ある支援スタッフの
心に残るエピソード

「 外出支援で見えたこと 」

男性・30代・勤務年数：10年

　　主に知的障がいのある方の外出支援を約6年間してきました。外出支援の内容は多岐にわたり、学校までのバス通学の練習や付き添い、1年に1回の新幹線などを利用した県外への日帰り旅行・山登り・プール・散歩・スキー場への付き添い・通院の付き添い等々。そして外出支援の内容によってヘルパーの立ち位置も変わってきます。「毎週一緒に大好きな買い物やプールに連れて行ってくれるヘルパーさん」また、半年に1回の通院に一緒に行く「ちょっと嫌な経験もするけど通院を頑張った後においしいものを一緒に食べるヘルパーさん」等々、役割がその都度変わります。

　　そして心に残っている場面は、実際の支援ももちろんですが、実はこの計画を立てる過程だったりします。利用者の家族や時には本人も交え、どこに行くか、いつ行くか、苦手な場所や音、食べ物など色々なことを打合せしていきます。時には学校の先生や地域のコーディネーターを巻き込んで。そんな時間をかけてつくった計画を楽しんでもらえるのか、ドキドキしながら本番を迎えます。1つ1つの計画が「あの時は意見がぶつかって大変だったけど本番は大成功したな～」と心に残っています。学生の時に福祉はネットワークづくりが大切と学びましたが、当時は「正直、家族と支援スタッフだけでいいのでは？」と思っていました。ですが、実際福祉の仕事をしてみると、より良い支援のためには、色々な方々とネットワークをつくり、駆使していくことが利用者が人生を楽しめるきっかけになるのかなと思います。

支援スタッフ委員会からのコメント

　　施設と違い、外出支援を行う訪問系サービスは短い時間の分、いかに充実した内容をサービス時間に盛り込めるかに気を配ります。それには何より計画の良し悪しが重要になり、場合によっては数分おきの内容を決めておきます。また、サービスが展開される外出先の場所の知識(トイレや水分補給をする場所、苦手なものがないか、人混みの状況等々)が必要になります。また、サービスを組み合わせて支援することもあり、家族はもちろん関連する事業所とも頻繁にやりとりした上で当日を迎えます。通算すれば、これらの準備にかける時間の方が支援時間より長くなることもしばしばです。しかし、だからこそ実際の支援を通じて、利用者の笑顔が見れたり、満足した表情を見ることができれば支援スタッフにとって至上の喜びとなり、そして仕事のプロとしての誇りを感じることにつながるのです。

ある支援スタッフの
心に残るエピソード

「 チャレンジ!〜飛行機一泊旅行〜 」

女性・40代・勤務年数：21年

利用者と行った一泊旅行が心に残っています。

それまでの旅行はいわゆる車で行ける近隣への旅行ばかりでした。行動障がいが強いからとか、飛行機には乗ったことがないから無理じゃないかと思うより、当たり前に色々な経験をしてほしいという願いから、初めて飛行機に乗って旅行に行く企画をたてました。

初めての場所と乗ったことのない乗り物…。事前に大きな紙で何に乗るのか、現地に行って何をするのかを写真や絵、そして文字を使ってお伝えし、細かいスケジュールはいつでも確認できるように個人にしおりを作って安心して旅行に参加できるように準備しました。

そのしおり通りに飛行機に搭乗し、座席に着いたものの、皆さんの緊張はその表情からも感じとれました。飛行機が飛び立った瞬間、支援スタッフにつかまる人や声を上げて怖さを表す人もいました。でも、利用者と支援スタッフ合わせて20人で「大丈夫。私たちは出来るよ。」と声を掛け合い、乗り越えられたあの瞬間は今でも忘れられません。その後の旅行先では支援スタッフの私たちが当たり前に体験することに、利用者が一喜一憂しながらもチャレンジする表情や、自信に満ちた表情、満面の笑みをみることが出来て、本当に良かったと思いました。

「出来ないかも」ではなく、「出来るためにどうするか」そして利用者の心に寄り添うことが一番大事だと学ぶことができたエピソードでした。

支援スタッフ委員会からのコメント

どの施設・事業所であっても、利用者との外出や旅行に行く際の付き添いの仕事に出会います。特に利用者が初めての体験を積む時は支援スタッフも緊張感を持って、細心の注意を払って計画を練ります。利用者にも予定を工夫してお伝えします。それは仕事として大変なことでもありますが、心弾むことでもあります。特に当日、利用者と一緒にドキドキしながらの経験は、職業人として、成長の機会となりますし、一生の思い出ともなります。そして何より、共有する体験を通じて担当する利用者とのつながりが深くなり、この仕事に就いていることへの深い満足感を得ることになるのです。

グループホームで働くスタッフ

性別	男性
年齢	31歳
勤続年数	10年
趣味	サッカー・ゴルフ・映画鑑賞

プロフィール
働き始めて10年目を迎え、5年前に職場結婚とマイホームを実現させました。小学校から今でもサッカーを続けています。体を動かすことが好きで、休日にはサッカーやゴルフ、太鼓活動をして、充実した生活を送っています。人に喜んでもらえることを生きがいに、常に楽しみをつくって予定を立てるのが好きです。

勤務先の紹介
種別：グループホーム
　　　（共同生活援助）
規模：定員57名(7ホーム)

事業所の特徴
グループホームは4～10名の定員で7ホームあります。入所施設に隣接しているホームもあれば、地域の中にある一軒家を購入し、共同で生活している利用者もいます。各ホームで利用者が安全で楽しく生活しやすいような環境づくりをしています。

仕事との出会い・きっかけ
就職説明会で話を聞いた時に、毎月のようにイベントがあり、地域の方との関わりを大切にし、太鼓や海外旅行など、利用者のために様々な行事をしているという話を聞きました。施設見学の際に利用者から笑顔で元気な挨拶をされ、やりがいを持って働ける環境に出会ったと思い、就職を決めました。

障害者支援施設（入所支援）

ある1週間の勤務の状況

月	火	水	木	金	土	日
早番	日勤	休日	遅番	遅勤(宿直)	早勤(宿直明)	休日

ある1日のスケジュール
（木曜：遅番）

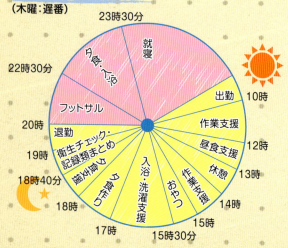

1日の仕事のながれと支援の内容
1日の始まりは、挨拶です。利用者の生活支援が第一ですので、様子を把握し、コミュニケーションをとります。その後、一緒に居室や廊下、窓などをきれいにし、皆さんを仕事に送り出す前に髭剃りや服装などの身だしなみを確認することも大切な業務です。

利用者と1日の報告や連絡などのミーティングをし、体操とマラソンをした後に、作業が始まります。皆さんのできることが一つでも増え、楽しく生活できるよう、見守り・言葉掛けをしています。和太鼓などの生きがい活動も一緒に楽しみながら支援しています。

私のホームの勤務には、利用者の皆さんに安心で安全な生活を過ごしていただくため、夜間の緊急時に備え、ホームで仮眠をとり、翌朝起床支援や朝食支援などを行う宿直業務があります。

知的障がい福祉の 仕事をのぞいてみよう　3

支援上心がけていること

　ホームは、日中の作業支援のほか、利用者の生活の場でもあることから、入浴や洗濯、食事作りなど生活のサポートをする業務もあります。

　皆さんが居心地よく過ごせるよう、生活空間を整えるとともに、それぞれのリズムに合わせたコミュニケーションをとるようにしています。さらに、寛げるような言葉掛けを行うことと、その時々の目の前の支援（関わり）を大切にすることを心がけています。

　また、出来ないことを出来るように支援するというよりも、良いところを見つけて褒め、さらに伸びるように支援することを心がけています。利用者の夢や希望を一つでも多く実現できるよう、その目標に少しでも近づけるよう、他の支援スタッフとの報告・連絡・相談などの連携も大切にしています。良い支援を行うためにはチームワークがとても重要です。これが、利用者の皆さんの安心・安全な生活につながると思います。

利用者とのかかわり

　利用者の皆さんはいつも明るく元気に挨拶され、どんな時も話し掛けてくれます。自分がどのように関わるかで信頼関係も変わってきます。支援することが仕事ですが、いつも皆さんから元気をもらったり、学んだりすることが多いので、一つひとつの関わりや、一緒に過ごす時間を大切にしています。

　利用者のちょっとした変化に気づき、何を考え、どのような思いで生活をされているのかなどを考え、その思いに少しでも共感し、理解できるようなコミュニケーションをたくさんとるよう努めています。

職場の仲間とのかかわり

　この仕事は、「個」では力を発揮することができず、「チームプレー」がとても大切です。いつも仲間には感謝の気持ちと支えられていることを忘れないようにし、常に「ありがとう」と伝え、どんな時も明るく元気なコミュニケーションを大切にしています。ゴルフや飲み会、バーベキューなどを通じ、プライベートな話をしたり、それぞれの仕事論（やりがい）などを語り合い、お互いの考え方や思いを伝え合うことで職場だけでは築けない信頼関係を築く時間もつくっています。

今後の夢や展望

　海外公演や被災地公演の和太鼓の活動を通して利用者の皆さんやたくさんの方が笑顔で元気になるようにしたいです。また、利用者の皆さんの持っている夢を一つでも多く叶えられるように、今しかできないことを後で後悔しないように全力でやっていきたいです。パン工房、カフェで利用者の皆さんが活躍し、全国で一番愛されるお店をつくっていきたいと思っています。

　私生活では、富士山登頂、ホノルルマラソン出場を家族で達成したいです。

同僚・先輩からひとこと

　いつも明るい笑顔とポジティブな考え方で周りの人たちを元気にしてくれます。周囲への気配り、後輩の面倒見もよく誰からも好かれ頼りにされています。「どうすれば周りの人の役に立てるか？喜んでくれるか？」を考えて実践してくれています。現在も、社会人サッカーの県大会で最優秀選手に選ばれるなど仕事も私生活も全力で取り組み、何より「人生を楽しんでいる」姿はいつ見ても清々しく素敵だなと感じています。

（上司からのメッセージ）

ある支援スタッフの
心に残るエピソード

「 素敵な障がい者スポーツ 」

男性・20代・勤務年数：3年

　　大学時代、障がい者スポーツに出会いました。障がい者スポーツのサークルがあり、はじめはボランティアとして参加し、どんどんその世界に引き寄せられるようになりました。障がい者スポーツというものは、障がいを持っている人だけが行うのではなく、高齢者も、子どもも、大人も、皆が楽しむことが出来るという魅力があります。また、スポーツを通して、障がいのある人とそうでない人の関わりが増えるきっかけにもなっています。私が障がい者スポーツにはまった一番の理由は障がいのある方とハンデなく、遠慮なく、真剣勝負が出来るというところです。

　　フロアバレーというスポーツがあり、前衛の選手は目隠しをしてプレーします。はじめは目隠しをすると怖くて動けませんでした。私も今では大会に出場していますが、普段から音を頼りに生活している方たちは、やはり耳がいいなと感じます。そして、フロアバレーを通して様々な人とも出会い、自分をライバルとして認めてくれている人もいて、障がいの有無に関係なく皆で楽しく切磋琢磨して取り組んでいます。

　　このような経験のおかげで、目が見えないことの恐怖や車椅子の不自由さなど、障がいのある人の気持ちが少しは理解出来ているのではないかと思います。また、こういったところを支援してもらえればということも、自分の体験からイメージすることができ、現在の支援にも活かせているのではないかと思っています。今後も色々なスポーツに挑戦し、障がいの理解につなげていきたいと思います。

支援スタッフ委員会からのコメント

　　近年、パラリンピック等を通じて障がい者スポーツは社会的に認知されてきましたが、知的障がい福祉においても、以前から様々な競技を通じて、利用者・支援スタッフに親しまれてきました。スポーツはルールなどの配慮により、障がいの有無に関わらず対等にプレーできる活動です。また、利用者に教えられながら楽しみ、同時に支援するという貴重な体験をすることもできます。支援スタッフには様々な療育や生産活動の知識も必要になりますが、スポーツを楽しむ経験も勝るとも劣らない職業上のスキルとなるのです。

ニーズをつなぐ仕事

相談支援事業所で働くスタッフ

性別	男性
年齢	49歳
勤続年数	12年（相談支援業務）
趣味	山登り・ランニング・自転車

勤務先の紹介
種別：相談支援
規模：利用者　約150名
　　　（前年度実績）

事業所の特徴
人口約21万人の11市町村（広域連合）から委託を受けた障害者相談支援センターです。
身体障がい者、精神障がい者、知的障がい者、障がい児コーディネーターが配置され、相談支援を行っています。自立支援協議会の事務局も兼ねており、専門部会の活動や研修会等も実施しています。

プロフィール
　入所施設に配属5年後、相談支援業務に就き12年が経過。気分転換は体を動かすことで、最近では山登り、ランニング、自転車に夢中です。ライフワークはダイエットです。
　前職は福祉とは全く違う仕事でしたが、縁あって今の仕事に就くことができました。社会福祉士、精神保健福祉士、介護支援専門員、相談支援専門員の資格を持っています。

仕事との出会い・きっかけ

　就職説明会で縁があり、現在の法人へ就職しました。一度は故郷を離れ、都会へ出て生活をしていましたが30歳前にUターンして、障がい者運動からスタートした今の法人に就職しました。福祉の仕事を志したのは、小学校の時の知的障がいのある同級生との出会いがきっかけかもしれないと最近思うようになりました。

相談支援事業所

ある1週間の勤務の状況

月	火	水	木	金	土	日
日勤	日勤	日勤	日勤	日勤	休日	休日

ある1日のスケジュール
（火曜：日勤）

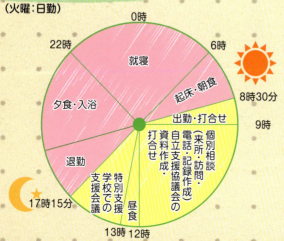

1日の仕事のながれと支援の内容

　センターに出勤し、コーディネーター同士の会議で、ケースの進捗状況や確認しておきたいことを共有します。個別ケースの対応と自立支援協議会・部会活動の運営が主な活動です。
　個別ケースの対応では、センターに来所される方への相談支援や家庭を訪問しての相談、また電話での相談になります。最近は関係者が集まって行う支援会議が多く開かれるようになってきました。そこでは支援の方向性の確認、役割の確認、ご本人・ご家族へのエンパワーメント、情報共有等が主になります。サービス等利用計画・障害児支援利用計画を作成している相談支援専門員との連携も欠かせません。また、自立支援協議会本会や市町村部会、療育部会、くらし部会、就労支援部会、権利擁護部会、相談支援部会などの専門部会の運営もしています。

知的障がい福祉の **仕事をのぞいてみよう** 3

支援上心がけていること

　当事業所は、まだ基幹センターではありませんが、将来的には市町村の委託を受けた基幹センターを目指し準備しています。日頃から、市町村との連携や協働を心がけて相談支援を行っています。また、計画相談を必要な方に100％準備していくという課題にここ3年ほど圏域で取り組んできました。100％まではもう少しという状況ですが、徐々に圏域の相談支援体制が整いつつあるように感じます。これからはやはり、計画相談でいえばその質が問われてくることになります。相談支援センターの役割として、相談支援専門員の後方支援や相談支援体制整備がこれからより求められてくることと思います。そうしたなか、相談支援専門員対象の研修会にも力を入れています。事例検討も有効ですが、これからグループスーパービジョンを取り入れて圏域のスキルアップを図っていきたいと計画しています。

利用者とのかかわり

　センターにはたくさんの当事者、支援スタッフ、関係者の方から相談があります。ケースによって他機関へつないだり、支援会議を開催します。ですが、やはり相談支援の基本はケースワークのように感じます。日々の仕事を通して経験年数ばかりが増える一方、実力が身に付いていかないという無力感を感じています。今は相談支援の実践をできるだけ言語化できるように、注意して記録を書いたり、相談支援の際に感じる自分の中でひっかかっているもの、迷いなどを言葉にしていく作業を行っています。支援を論理的に説明できるように心がけています。

仲間とのかかわり

　相談支援にはスーパービジョンは必須です。日頃からコーディネーター同士はコミュニケーションをとっています。利用者個々のストレングス（得意なところ）に重点を置いた事例検討を行っています。また、スキルアップのために様々な研修の機会を持つように努めています。
　この仕事を始めた頃はソーシャルワーカーとしてお手本となる先輩方が地域にはたくさんいらっしゃいました。今は私より若い方たちが多い中、私が先輩方から教えていただいたものを、どうこれからの若い方々に引き継いでいけるかが今後の私の課題です。

今後の夢や展望

　他人の人生に関わることは、かなりの労力を費やします。自分自身、精神的にも身体的にも健康に勤め、コロリとあの世に旅立ちたいです。
　ソーシャルワーカーは定年がありません。いくつになっても、どんな場所でも、どんな仕事をしていても、ソーシャルワーカー的でありたいと思っています。多分それはとても難しく、簡単ではないことのようではありますが。

同僚・先輩からひとこと

　とても勉強家で知らないことはないのではないかと思うほど何でも知っており、とても頼りになります。時には厳しいことを言うこともありますが、すべてはその人のためを思っての愛のある行動に、誰でもできることではないので素晴らしいと感じています。

（同僚からのメッセージ）

他にもこんな支援スタッフが働いています。

ある支援スタッフの1日の仕事のながれ・支援内容

　法人から地域の相談支援センターに出勤し、センターを拠点として仕事をしています。仕事内容は、当事者の方やご家族、支援スタッフや関係機関との個別の相談や、利用を希望する事業所への見学同行、支援会議への出席、圏域自立支援協議会の事務局業務など多岐にわたります。いずれも他の人との協力や連携が必要不可欠であることを忘れずに独りよがりの仕事にならないよう気をつけています。

ある支援スタッフの1日の仕事のながれ・支援内容

　利用者の作業の様子や日々の生活など、時々実際に確認しながら計画・モニタリングを作成しています。様々な方がいるので、保育園や他の事業所などにも様子を見に行き、話を聞いたりしています。また、困ったことや相談したいこと、各種の手続きなどを電話や定期訪問などでお手伝いしています。兼務のため、相談支援業務がない時は入所施設で一緒に活動しています。夜勤はしていませんが、その他の日課は一緒に行っています。

ある支援スタッフの利用者とのかかわり

　相談支援業務に追われている日々の中、利用者と関わる時間が自分を見つめなおす良い機会となっています。利用者の笑顔はもちろんのこと、当施設の場合、最重度の知的障がいがありコミュニケーションのとれない方が多い中、サポートを提供したことで小さな変化でもみられた時の喜びは非常に大きいです。その小さな変化の積み重ねがその方にとってのニーズの実現につながっていくよう日々心がけて関わっています。

ある支援スタッフの利用者とのかかわり

　サービスを利用していない方の場合はアセスメントから始まり、見学同行や受診の同行も必要に応じて行いながら、各機関と連携して支援にあたり、プランナーの方に引き継ぎを行います。定期的に面談し、思いを聞きとって必要があれば関係機関につなげたり、家族支援を行ったりすることもあります。

ある支援スタッフの仲間とのかかわり

　仕事の内容から一緒に仕事をさせていただく方は、行政の方、事業所の方、相談支援専門員の方、医療機関の方、場合によっては当事者の近所の方々と、本当に多くの職域や関係者とつながりを持っています。その方々との協働こそがこの仕事の肝なので、スムーズな連携がとれるように努めています。

ある支援スタッフの仲間とのかかわり

　私にとって職場の仲間はかけがえのない存在です。この仕事を続けていく中で、悩み苦しい時にいつも力になってくれるのは職場の仲間です。相談支援専門員として働く日々の中、信頼できる仲間がいるからこそ、辛い時でも頑張ることができています。また、事業所の中での自分は、まさしく中間的な立場でもあるため、事業所全体の一体感が生まれるように上司や後輩達のパイプ役となり、プライベートな面でも積極的に飲み会を開く等、交流を図る機会を多く設けています。

4

知的障がい福祉の仕事への
不安や戸惑いを希望に変えよう
～アンケートの結果から～

この章では、学生の皆さんを対象に行ったアンケート結果を紹介します。今回アンケートに答えてくださったのは、実習やボランティアで実際に知的障害施設や事業所を訪れた学生の皆さんです。

アンケートの回答からは、戸惑いや不安を感じる声も多くありましたが、実際に実習を経験してみたら、思っていたよりずっと楽しい職場だったなどの嬉しい声も聞くことができました。

「誰かのために役に立ちたい」そんな素敵な思いがあって、「福祉」を学ぶ学校に進んでも、実際に社会で働く場所は「福祉の現場」ではない。今、福祉の職場では深刻なスタッフ不足に苦しんでいます。より良い職場環境づくりを進めながら新たな仲間が増えてほしいと願っています。

一人でも多くの方に福祉の職場で働く素晴らしさを知ってもらい、仲間に加わってもらえるよう、アンケートから得た皆さんの疑問や不安に私たち支援スタッフが真剣に答えたいと思います。

知的障がい福祉の仕事への不安や戸惑いを希望に変えよう 〜学生アンケートの結果から〜

Q.1 やりがいを感じるのはどんな時?

1

　利用者支援の中では、自らの思いを言葉で伝えられない利用者のニーズを把握することに悩みます。また、支援スタッフの思いが利用者に伝わらず、心が折れそうになることも多々あると思います。

　支援について先輩・同僚に相談し、同じように対応してみても違う反応が返ってくるため、さらに悩むことがあるかもしれません。しかし、そこで諦めずコミュニケーションを重ねることにより、少しずつ信頼関係が生まれ、双方向の関係が築かれてくるのではないでしょうか。そのような中で利用者の「行動」や「ちょっとした変化」に気づき、今まで見えていなかったことや利用者ができること等を発見した時、また、表情の柔らかさから安心されていることが伝わってきた時、笑顔が多く見られた時などにやりがいを感じ、「この仕事を選んで良かった。これからも頑張ろう」という気持ちになります。

2

　支援が実って利用者が新たなことができるようになったり、笑顔で毎日を過ごしていただける、その表情を見ていると支援スタッフとしても非常に嬉しく、やりがいを感じます。

　一つの課題に対しても支援スタッフで意見を出し合い、様々な取り組みをし、試行錯誤しながら支援にあたります。できるようになるまでは、利用者のやる気、努力あってのことですが、そこでまた利用者との関わりが深くなることで信頼関係を築くこともできます。

　この仕事は、支援スタッフ同士のチーム関係や、利用者との信頼関係など、人と人とのつながりが深い職業です。自分以外の人のことでも共に悲しみ、共に喜び、共に幸福感を得ることができ、人の温かみを心から感じることができます。

知的障がい福祉の仕事への不安や戸惑いを希望に変えよう ～学生アンケートの結果から～

Q.2 勤務って不規則なの?

1
　入所施設やグループホームでは、通常の9時～17時前後の日勤のほか、早朝からの早勤や午後からの遅勤、夕方・夜から翌朝までの夜勤などの不規則勤務を行う支援スタッフが多くなります。

　でも、日々のリズムをつくることに気をつければ大丈夫。休日もしっかり保障されていますし、平日の休みは休日には混みあう場所もすいていて良いものですよ。

　また、通所の事業所などでも土日が勤務日になるところも増えてきました。この場合も、平日に代わりの休日が設定されます。

　なお、日中の勤務でも、10時から19時前後の勤務があったり、利用者の支援がたくさん必要になる食事や入浴時などにあわせて、事業所によって工夫して対応しているようです。

2
　福祉の仕事の勤務日は、利用者の生活に合わせて、それぞれの事業所で決まっています。土日が休みの事業所、曜日は関係なく休みがある事業所、夜勤や宿直のある事業所、夜勤や宿直がない仕事…。

　どの職業でも一緒ですが、福祉の仕事に就く時には、どのような方を、どのような場所で、どのように支援したいかを考えます。その時に、その事業所の勤務体系も一緒に考えてみてはどうでしょう。

　仲間の中には、子どもの休みに合わせて土日休みたい方がいます。一方、曜日は問わず、夜勤勤務をして日中に子どもとたくさん一緒にいられることを希望する方もいます。

　どんな職業に就きたいかを考えることは、ご自身の望むライフスタイルを考える機会でもありますね。

知的障がい福祉の仕事への不安や戸惑いを希望に変えよう ～学生アンケートの結果から～

Q.3 障がいのある方にどう接したらいいの？

1

　障がいのある人に接する場面では、時として高い専門性が求められる場合もあります。しかし、「専門性がなければ接することができないのか？」ということはまったくありません。人と人とが関わっていく中では、まず当たり前のことが何よりも大切です。「挨拶をきちんとする」「相手の気持ちを考えながら発言、行動する」「自分がされたら不快に感じることは相手にもやらない」等々、基本的なことをきちんと行うことが一番だと思います。

　専門性を必要とする場合でも、その人その人が持ち合わせている性格などにより一概には言えませんが、「見通しが持てるような伝え方」「抽象的より具体的に答えやすい質問をする」「一文一意を心がけ、視覚的な伝達方法を上手く活用する」等々、1つ1つを利用者の立場にたって深めていけると良いのではないでしょうか。

2

　独特なコミュニケーションや行動をとる人がおられますが、まずは障がい特性を理解し、利用者本人を知ることが大切です。利用者の好きなこと、得意なこと、成育歴など様々な情報があると、より早く良い関係が築けると思います。

　利用者との会話では、あいまいな表現は使わず1つのことを正しく伝え、答えを選んでもらうような質問をすることで、利用者も答えやすくなります。たとえ会話が出来ない方でも、こちらから話し掛けることで表情で返してくれたりもします。変に構えず、自然体で接することで相手のバリアもなくなり、素敵な会話が広がることでしょう。

知的障がい福祉の仕事への不安や戸惑いを希望に変えよう 〜学生アンケートの結果から〜

Q.4 必要な資格って？

1

　知的障がいのある人には健康な人もいれば、身体的に支援が必要な人、高齢のため介助が必要な人など様々な人がいます。そのため、支援スタッフとして専門的な知識や技術が必要になります。そんな時、資格は強みとなります。資格手当を支給している事業所も多くあります。下記の資格は一例ですが、働き始めてから取得する先輩も多いですので、参考にしてください。

　国家資格であれば、「社会福祉士」という福祉に関する相談に対して助言や指導、援助を行う資格や「介護福祉士」という専門的知識及び技術をもって、日常生活を営むことに支障がある方の状況に応じた介護を行うとともに、利用者や介護者に対して介護に関する指導を行う資格があります。また、「精神保健福祉士」という精神的な障がいのある方に対して、日常生活がスムーズに営めるように支援したり、社会参加に向けた支援を行う資格があります。

　また、日本知的障害者福祉協会には、国家資格の社会福祉士を養成する養成所があります。また協会独自の資格として知的障害援助専門員を通信教育で取得できます。この資格は国家資格ではありませんが、知的障がい福祉に関する歴史から実践的な援助技術等を学ぶことができます。

2

　福祉の仕事は専門的な資格がなくても働ける仕事です。大学時代に勉強したことや以前の仕事で取得した資格が組織や利用者のために十分に発揮できています。その例として、大型免許を持つ支援スタッフは利用者の送迎でマイクロバスを運転したり、重機の資格を持つ支援スタッフは除雪作業や農業を日中活動として取り組んでいる事業所などでその資格を有効に活用している仲間もいます。

　また、スポーツや、芸術等の資格や特技が利用者の日中での活動や余暇時間における可能性をひろげ、その活躍の場を日本だけではなく世界にひろげている仲間もいます。

　福祉の仕事は資格以外に、皆さんの個性豊かな能力や特技を生かして働ける仕事でもあります。

知的障がい福祉の仕事への不安や戸惑いを希望に変えよう ～学生アンケートの結果から～

Q.5 将来に不安はないの？

1　私の勤務先では、世帯をもっている支援スタッフの数が大きく増えました。週末に休みが確保されているわけではなく、不規則な勤務ですが、支援スタッフ間でカバーし合うことが出来ています。世帯主として生き生きと働いている人や、働きながら必要な資格を取得し、自分の目指す将来に向けて努力している人が多いです。

　福祉の力を必要としている人は多くいます。その仕事を国も重要なものと考え、福祉で働く人の賃金の見直しを進めています。

　そして何より、我われ福祉で働く者が努力し、新しい取り組みを行うことで、障がいのある人の豊かな暮らしにつながっていきます。この変化を感じられることが、この仕事を続ける醍醐味だと思います。

　不安のない将来はありませんが、将来への不安を少しでも軽くし、将来を明るくするためにも前向きな努力が必要です。その努力が実を結ぶことを実感できる仕事であると思います。

福祉の仕事に対するイメージ

学生向けアンケート集計結果

調査対象：実習やボランティアで施設・事業所を訪れた学生
回　答　数：215名

1 あなたは福祉の仕事への就職を希望されていますか？

就職希望	数	%
就職希望あり	126	58.6
就職希望なし	89	41.4
回答計	215	100

就職希望なし 41.4%
就職希望あり 58.6%

2 あなたはどの分野への就職を希望されていますか？（※複数回答）

希望分野	数	%
高齢分野	38	30.2
児童分野	54	42.9
障がい分野	37	29.4
その他	15	11.9
「就職希望あり」実数	126	100

障がい分野【内訳】	数	%
知的障がい	11	29.7
知的障がい以外	3	8.1
両方	5	13.5
無回答	18	48.6
計	37	100

希望分野

障がい分野【内訳】

3 あなたは障がい福祉の仕事に対してどのようなイメージを持っていますか？（※複数回答）

イメージ	数	%
大変（肉体的・精神的）	88	40.9
障がいのある方を支援する	43	20.0
やりがい	29	13.5
むずかしい（コミュニケーション・関わり方・接し方等）	23	10.7
きつい	22	10.2
給与が見合わない	13	6.0
楽しい・明るい・にぎやか	11	5.1
知識と技術が必要	8	3.7
笑顔・優しさ・温かさ	7	3.3
人手不足	7	3.3
忙しい	6	2.8
その他	43	20.0
わからない	4	1.9
無回答	1	0.5
回答実数	215	100

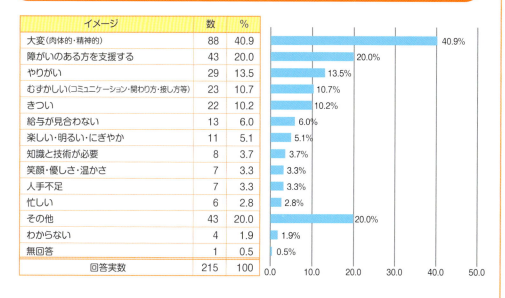

4 あなたがこれまで持っていた施設・事業所に対するイメージは、実際に施設・事業所を訪問するようになってからどのように変わりましたか？

イメージが変わった！【主だったご意見】

【短大（保育系）学生】
- 支援者の関わりでは本当に家族のような温かさと楽しさのあるコミュニケーションが取られていた。利用者同士の交流・挨拶も多く見られ、やわらかいイメージがついた。
- 「大変そう」「関わり方が難しそう」とのイメージが、実習を通じて、利用者さんとコミュニケーションをとり、一人ひとりを知ることで楽しさも感じることができた。"障害者"という先入観を捨てて関わることが大切ということも知ることができた。
- ニュースで虐待の報道を見て、初めはそういうことがあるのかな…というイメージだったが、実際に行き、利用者さん一人ひとりが過ごしやすい環境、少しでもやりたいことをサポートするような対応をされていて、利用者さんのために何ができるか、そんなことをしっかり考えている仕事だなと思うようになった。

【大学（福祉系）学生】
- 以前は"大変な仕事"という印象が強かったが、体験実習を通じて、"やりがいのある仕事"という印象に変わった。障害者の方の気持ちが分かる時にやりがいを感じた。
- 生活相談員の働きぶりや利用者との関わり方を見て、福祉そのものの考え方が変わった。
- 自分が考えていた以上にスタッフの方は利用者さんをはじめ、その周囲の方々（ご家族・学校関係者・他施設の関係者）のことを考え、生活全般を見ており、どんなことでも相談でき、身近に感じられるようになった。

5 あなたが将来の仕事を選択する際に最も重要視していることは何ですか？（※複数回答）

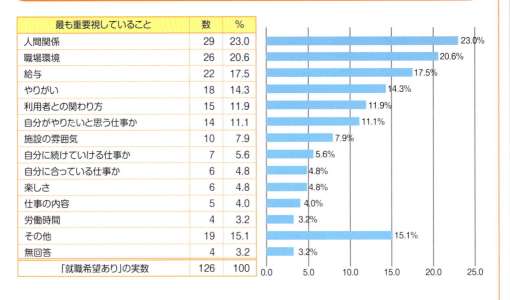

最も重要視していること	数	%
人間関係	29	23.0
職場環境	26	20.6
給与	22	17.5
やりがい	18	14.3
利用者との関わり方	15	11.9
自分がやりたいと思う仕事か	14	11.1
施設の雰囲気	10	7.9
自分に続けていける仕事か	7	5.6
自分に合っている仕事か	6	4.8
楽しさ	6	4.8
仕事の内容	5	4.0
労働時間	4	3.2
その他	19	15.1
無回答	4	3.2
「就職希望あり」の実数	126	100

・•● おわりに ●•・

　この冊子を手にとっていただき、ありがとうございます。

　私たちが働く知的障がい福祉の職場では今、人材不足という大きな問題をかかえています。利用者の高齢化、障がいの多様化が進むことで、福祉サービスの提供を担う人材も多く必要とされますが、需要に比べて不足しているのが現状です。このような状況のなか、支援スタッフ委員会では「今、私たち支援スタッフに何ができるだろう」「何をすべきなのだろう」と考え、一緒に働く仲間、そしてこれから一緒に働いてくれる仲間の不安を取り除き、知的障がい福祉の仕事の魅力とともに夢と希望を届けられるような私たちの支援を「伝える」ことをテーマとした冊子の作成に向けて活動を開始しました。

　まず、知的障がい福祉の人材不足について、全国の施設・事業所に実習に訪れる学生に障がい福祉の仕事に対するイメージや今、不安に思っていること、聞きたいことについてアンケートを実施しました。また、学校等の教育機関担当者に、現場に対する疑問や、なぜ知的障がい福祉の支援現場で働こうとする若者が少ないのかについてアンケートを実施しました。これらの回答から感じたことは、知的障がい福祉現場の発信力不足です。この仕事の魅力とやりがいは支援をしているスタッフは良く分かっています。しかし、支援現場を見たことがない人には、なかなかその魅力や、やりがいは理解されておらず、施設・事業所の中でどのような支援が行われているのか、利用者がどのような生活をしているのかは伝わっていない現状だと分かりました。このことから、この冊子では、知的障がい福祉についてもっと知っていただけるよう、知的障がい福祉のこれまでをふりかえる成り立ちにはじまり、障がい福祉サービスの各事業の説明、全国で活躍する支援スタッフの仕事内容と一日の流れを紹介するほか、利用者とのかかわりの中で生まれた支援スタッフの心に残るエピソードや、学生アンケートから得られた疑問に対するメッセージ等を各章に盛り込む構成としました。これから知的障がい福祉の職場に勤めようとしている学生や、入職して間もない不安ばかりの支援スタッフにぜひ読んでもらいたい入門書のような1冊となりました。

　知的障がい福祉の仕事に足を踏み入れた私たちは、不安や戸惑いを感じながら働き始めました。先輩の言葉、行動を見ながら学び、時には悩むこともありましたが、先輩や仲間の言葉、そして利用者の何気ない一言にどれだけ救われたか分かりません。人と人が向き合う仕事はむずかしさをともなうこともありますが、それ以上に多くの笑顔に出会える仕事でもあります。

　「人が好き」それがこの仕事に必要なことです。私たちは、これからも知的障がい福祉の魅力を発信し続けます。一人でも多くの方がこの仕事に興味を持ち、魅力を感じ一緒に働いてくれることを望んでいます。

　最後に、冊子作成にあたりご協力いただきました全国の支援スタッフの皆さま、アンケートにご回答いただきました皆様に、心より感謝申し上げます。

平成26・27年度　支援スタッフ委員会

委員長　貞森 達雄

倫 理 綱 領

公益財団法人 日本知的障害者福祉協会

前 文
　知的障害のある人たちが、人間としての尊厳が守られ、豊かな人生を自己実現できるよう支援することが、私たちの責務です。そのため、私たちは支援者のひとりとして、確固たる倫理観をもって、その専門的役割を自覚し、自らの使命を果たさなければなりません。
　ここに倫理綱領を定め、私たちの規範とします。

1．生命の尊厳
　　私たちは、知的障害のある人たちの一人ひとりを、かけがえのない存在として大切にします。

2．個人の尊重
　　私たちは、知的障害のある人たちの、ひとりの人間としての個性、主体性、可能性を尊びます。

3．人権の擁護
　　私たちは、知的障害のある人たちに対する、いかなる差別、虐待、人権侵害も許さず、人としての権利を擁護します。

4．社会への参加
　　私たちは、知的障害のある人たちが年齢、障害の状態などにかかわりなく、社会を構成する一員としての市民生活が送れるよう支援します。

5．専門的な支援
　　私たちは、自らの専門的役割と使命を自覚し、絶えず研鑽を重ね、知的障害のある人たちの一人ひとりが豊かな生活を実感し、充実した人生が送れるよう支援し続けます。

平成26・27年度　支援スタッフ委員会

委　員　長　　貞森　達雄（中国地区代表　山口県：第1しょうせい苑）

副委員長　　寺岡　未来（四国地区代表　香川県：竜雲少年農場）

委　　　員　　開発　　勲（北海道地区代表　北海道：いずみ）

　　　　　　　沼沢　　純（東北地区代表　山形県：清流園）

　　　　　　　土屋　信幸（関東地区代表　長野県：小諸学舎）

　　　　　　　野呂　大悟（東海地区代表　愛知県：しらさぎ福祉園）

　　　　　　　小林　繁樹（北陸地区代表　新潟県：太陽の村）

　　　　　　　中川　義之（近畿地区代表　兵庫県：愛心園）

　　　　　　　石井　邦佳（九州地区代表　福岡県：ほっとスペースあさくら）

担当理事　　加藤　和輝（徳島県：博愛ヴィレッジ）

≪参考文献≫

【1章】
・津曲裕次（著）：『シリーズ福祉に生きる（49）石井筆子』2001年，大空社
・津曲裕次（著）：『シリーズ福祉に生きる（51）石井亮一』2002年，大空社
・山田火砂子・車取ウキヨ（著）：『筆子その愛―世界で一番美しい涙の物語―』2006年，ジャパン・アート出版
・眞杉　章（著）：『天使のピアノ　石井筆子の生涯』2000年，㈱ネット武蔵野

【2章】
・『障害者総合支援法 事業者ハンドブック 指定基準編 2015年版―人員・設備・運営基準とその解釈』2015年，中央法規出版㈱

平成28年6月23日　発行

発行者　　公益財団法人　日本知的障害者福祉協会
　　　　　〒105−0013
　　　　　東京都港区浜松町2−7−19
　　　　　KDX浜松町ビル6階
　　　　　電話　03−3438−0466
　　　　　FAX　03−3431−1803
印　刷　　あさひ高速印刷株式会社

ISBN978−4−902117−53−0　　　　　定価は裏表紙に表示してあります。